Vorwort

Das offensive Abwehrspiel ist einer der grundlegenden Bausteine im Jugendhandball und fördert durch das Entstehen von großen Räumen in Breite und Tiefe die individuelle Entwicklung der Jugendspieler, sowohl im Angriff als auch in der Abwehr. Den ersten Schritt stellt dabei die offensive Manndeckung dar. Durch eine klare Zuordnung zu einem Gegenspieler haben die Abwehrspieler eine klar definierte Aufgabe und so die Möglichkeit, ihr individuelles Abwehrspiel zu entwickeln. Nach und nach werden Hilfeaktionen und Interaktionen auch in der Kleingruppe gefordert, bevor erste Varianten der Raumdeckung in der Zweilinienabwehr (1:5-Abwehr, 3:3-Abwehr) eingeführt werden können.

Die Übungen in dieser Sammlung vermitteln Grundlagen des offensiven Abwehrspiels, zunächst die Abwehr gegen den Ballhalter mit dem Herausprellen von Bällen und der Abwehrarbeit im 1gegen1, dann die Abwehr gegen Spieler ohne Ball mit Abschirmen des Kreisläufers, das Begleiten des Gegenspielers und das antizipative Abwehrspiel beim Herausfangen von Pässen.

Im zweiten Teil befassen sich die Übungen mit der Kooperation in der Kleingruppe gegen Positionswechsel der Angreifer in der Breite und der Abwehrarbeit in zwei Linien gegen Rückraumspieler und Kreisläufer.

Die letzten Übungen zeigen Übungsreihen zu den Themen offensive Manndeckung mit Sinken auf Höhe des Balles, 1:5- und 3:3-Abwehr, bevor zum Ende mit dem Einstieg in die 3:2:1-Abwehr der Übergang zu defensiveren Abwehrsystemen eingeleitet wird.

Impressum
1. Auflage (26.11.2018)
Verlag: DV Concept
Autoren, Design und Layout: Jörg Madinger, Elke Lackner
Lektorat: Nina-Maria Nahlenz
ISBN: 978-3-95641-229-5

Diese Publikation ist im Katalog der **Deutschen Nationalbibliothek** gelistet, bibliografische Daten können unter http://dnb.de aufgerufen werden.

Das Werk und seine Bestandteile sind urheberrechtlich geschützt. Nachdruck, auch fotomechanische Vervielfältigung jeder Art, Einspeicherung bzw. Verarbeitung in elektronischen Systemen bedarf des schriftlichen Einverständnisses des Verlags.

Training der offensiven Abwehr im Jugendhandball
1gegen1, Kleingruppe, Manndeckung und offensive Abwehrkooperationen

Inhalt:

Nr.	Name	Anzahl	Schwierigkeit	Seite
Kategorie: Individuelle Grundlagen				
1. Vorbereitende Spiele und Übungen				
1	Stern-Fang-Lauf	6	★	6
2	Fangspiel mit Spielerschlange	5	★	7
3	Tigerball	7	★	8
4	Fangspiel im 4gegen4	10	★	9
5	Vorübungen mit Leibchen	2	★	10
6	Abwehrbewegungen mit Tennisball und Handball	2	★	11
2. Herausprellen von Bällen im 1gegen1				
7	Herausprellen nach Beobachten des Gegenspielers	2	★	12
8	Herausprellen in Varianten	2	★	14
9	Herausprellen im vorgegebenen Korridor	2	★	15
10	Herausprellen bei variablen Angreifern	8	★	16
11	Herausprellen und Torwurf	9	★	17
12	Herausprellen und 1gegen1 auf Kommando	3	★★	18
3. Offensive Abwehr im 1gegen1				
13	1gegen1 zu dritt	3	★	19
14	Anspiel verhindern	3	★	20
15	Durchbruch mit und ohne Ball verhindern	8	★	21
16	1gegen1 auf Matten als Spiel	8	★	22
17	Dreimal 1gegen1 im Korridor	10	★	23
18	Zweimal 1gegen1 im Korridor	9	★	24
19a	1gegen1 mit gleichzeitiger Beobachtung des Ballhalters	9	★★	25
19b	1gegen1 mit gleichzeitiger Beobachtung des Ballhalters	9	★★	26
20	1gegen1 in offensiven Abwehrreihen – Zurücksinken und anschließender Zugriff	7	★★★	27
4. Herausfangen von Bällen				
21	Wurfserie mit Abfangen von Bällen	6	★	28
22	Wurfserie mit Abfangen von Bällen 2	8	★	29
23a	Abfangen von Bällen aus der Abwehr heraus – Grundübung	7	★	30
23b	Abfangen von Bällen aus der Abwehr heraus – Folgeübung	7	★	31
24	Abfangen von Bällen nach 1gegen1-Aktionen	9	★★	32
25	Abfangen von Bällen von der Außenposition	8	★★	33
5. Abwehr gegen den Kreisläufer in offensiven Abwehrformationen				
26	Den Kreisläufer gegen Pässe abschirmen	7	★	34
27	Den Kreisläufer gegen Pässe abschirmen 2	4	★	35
28	Den Kreisläufer gegen Pässe abschirmen 3	7	★	36

Training der offensiven Abwehr im Jugendhandball
1gegen1, Kleingruppe, Manndeckung und offensive Abwehrkooperationen

Nr.	Name	Anzahl	Schwierigkeit	Seite
6. Abwehr gegen Einläufer in offensiven Abwehrformationen				
29	Begleiten eines Einläufers	7	★	37
30	Begleiten eines Einläufers und Spiel 2gegen2	9	★	38
31a	Begleiten eines Einläufers von außen	7	★	39
31b	Begleiten eines Einläufers von außen und Verhindern des Durchbruchs	7	★★	40
32	Begleiten eines Einläufers aus dem Rückraum und Abwehr gegen zwei Kreisläufer	9	★★	41
Kategorie: Abwehr in der Kleingruppe				
1. Zusammenarbeit in der Breite				
33	2gegen2 als Wettkampf	8	★	42
34	Abwehr 2gegen2 im Korridor und Helfen gegen Durchbrüche	9	★	43
35	Abwehr 2gegen2 im Korridor mit Übergeben und Übernehmen bei Kreuzbewegungen	10	★★	44
36	Abwehr 2gegen2 im Korridor ohne und mit Ball, gegen Kreuzbewegungen und Hinterlaufen	10	★★	45
37	2gegen2 als Überschlagspiel	12 (14)	★★	47
38	Abwehr im 3gegen3	6	★★	48
2. Zusammenarbeit in der Tiefe				
39	Zwei Kreisläufer gegen Anspiele aus dem Rückraum abschirmen	10	★	49
40	2gegen2 gegen Rückraum und Kreisläufer	7	★	50
41	3gegen3 gegen zwei Rückraumspieler und Kreisläufer	9	★	52
42	Abwehr gegen Rückraum und Kreisläufer im 4gegen4	9	★	54
43a	Abschirmen in Absprache: Kreisläufer steht an der 6-Meter-Linie	7	★★	55
43b	Abschirmen in Absprache: Kreisläufer steht offensiv zwischen der 7- und 9-Meter-Linie	7	★★	57
43c	Abschirmen in Absprache: Kreisläufer auf der Ballseite	7	★★	58
43d	Abschirmen in Absprache: Kreisläufer steht auf der Ballgegenseite	7	★★	59
43e	Abschirmen in Absprache: Bei einem Sperrversuch des Kreisläufers	7	★★	60
Kategorie: Abwehr im Team und offensive Abwehrkooperationen				
1. Offensive Manndeckung mit Sinken auf Ballhöhe				
44	Helfen gegen Durchbrüche im 3gegen3	7	★	61
45	Abwehren und Sinken auf Ballhöhe	9	★	62
46	3gegen3 und Manndeckung mit Sinken auf Ballhöhe	7	★	63
47	Manndeckung im 5gegen5 mit Sinken auf Ballhöhe	11	★	64
48	Manndeckung im 6gegen6 mit Sinken auf Ballhöhe	13	★	65

Nr.	Name	Anzahl	Schwierigkeit	Seite
2. Verteidigen in der 1:5-Abwehr				
49	1gg1 und Kreisabwehr in der 1:5-Abwehr	10	★★	66
50	1:5-Abwehr: Kleingruppe Halb und Außen und Bälle abfangen auf der Mitte	10	★★	67
51a	1:5-Abwehr 4gg4	9	★★	68
51b	1:5-Abwehr 6gegen6	13	★★	69
52a	Abwehr gegen Einläufer von außen	12	★★	70
52b	Das Einlaufen eines Halbspielers durch Begleiten und Übergabe verteidigen	9	★★	71
52c	1:5-Abwehr 6gegen6	13	★★	72
3. Verteidigen in der 3:3-Abwehr				
53	3gegen3 im Korridor gegen Positionswechsel im Angriff	10	★★	73
54	3:3-Abwehr: Vordere Abwehrreihe gegen Kreuzen und Einlaufen	10	★★	74
55	3:3-Abwehr: Abwehr Außen und hinten Mitte	11	★★	75
56	3:3-Abwehr im 6gegen6	13	★★	77
4. Verteidigen in der 3:2:1-Abwehr				
57	Vorübung im 1gegen1 und Rückzug zum Kreisläufer	10	★★★	78
58	Die Abwehrraute im 4gegen4	8	★★★	79
59	Offensive Gegenaußen in der 3:2:1-Abwehr	8	★★★	80
60	3:2:1-Abwehr im 6gegen6	13	★★★	81

Anmerkung des Autors

Weitere Fachbücher des Verlags DV Concept

Training der offensiven Abwehr im Jugendhandball
1gegen1, Kleingruppe, Manndeckung und offensive Abwehrkooperationen

Legende:

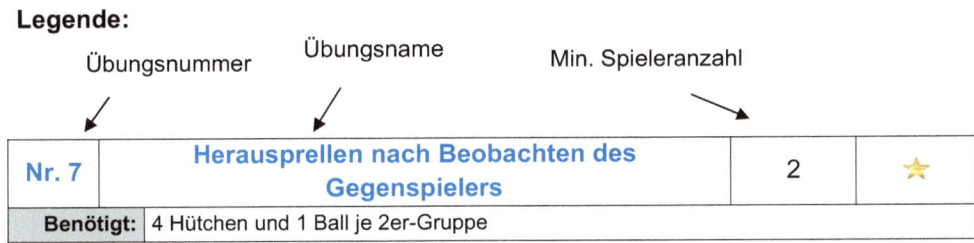

Nr. 7	**Herausprellen nach Beobachten des Gegenspielers**	2	⭐
Benötigt:	4 Hütchen und 1 Ball je 2er-Gruppe		

✖	Hütchen
🔳	Ballkiste
◻	kleine Turnkiste (nach oben offen)
🟦 🔲	dünne Turnmatte
▬	Turnbank
⊥	Fahnenstange
🧣🧣🟥🟩	Leibchen
▬	Pommes (Schaumstoffbalken)
🟡	Tennisball

Die Übungen in diesem Buch sind in folgende Schwierigkeitsstufen eingeteilt:

⭐   Die Übung kann von Anfängern und Fortgeschrittenen gleichermaßen durchgeführt werden und erarbeitet elementare Grundlagen der Abwehrarbeit.

⭐⭐   Die Übung erfordert einige Vorkenntnisse, kann jedoch mit entsprechender Steuerung von allen Altersklassen durchgeführt werden.

⭐⭐⭐   Die Übung arbeitet mit erhöhter Komplexität und setzt voraus, dass Grundlagen bereits beherrscht werden.

Kategorie: Individuelle Grundlagen

1. Vorbereitende Spiele und Übungen

Nr. 1	Stern-Fang-Spiel	6	★
Benötigt:	6 Hütchen		

Aufbau:
- Zwei geeignet große Spielfelder mit Hütchen markieren.
- Die Spieler verteilen sich gleichmäßig auf die beiden Spielfelder, hier im Beispiel jeweils sechs Spieler pro Feld.

Ablauf:
- 1, 2, 3 und 4 legen sich bäuchlings wie abgebildet auf den Boden, mit Blickrichtung in die Mitte.
- 2 ist Fänger (B).
- 1 versucht durch schnelle Richtungswechsel, das Gefangenwerden zu verhindern (A).
- Wenn 1 einen liegenden Spieler (z. B. 1) überspringt (C), wird dieser zum neuen Fänger und versucht, 2 zu fangen (D). 1 legt sich sofort an die Stelle von 1.
- Sollte es einem Fänger (2) gelingen, den weglaufenden Spieler (1) zu fangen, bevor dieser einen Spieler überspringt, wechseln die Rollen und der Gejagte wird zum Fänger.
- Die Gruppe im anderen Feld macht den gleichen Ablauf.

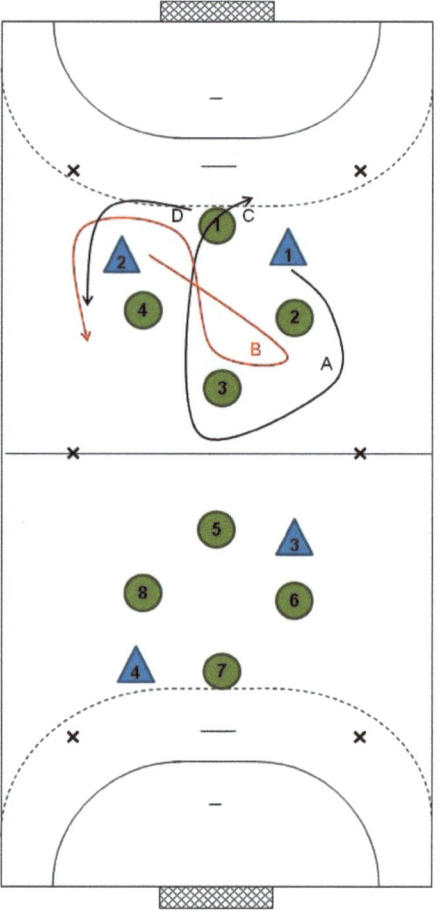

⚠ Die Gruppen nicht zu groß wählen, da sonst eine zu lange Zeit vergeht, bis die einzelnen Spieler an der Reihe sind.

⚠ Sofortiges Umschalten zwischen Liegen, Fangen und Gefangenwerden einfordern (kurze Reaktionszeit, ständig wechselnde Aufgaben).

Nr. 2	Fangspiel mit Spielerschlange	5	★
Benötigt:			

Aufbau:
- Gruppen mit 4–6 Spielern bilden.

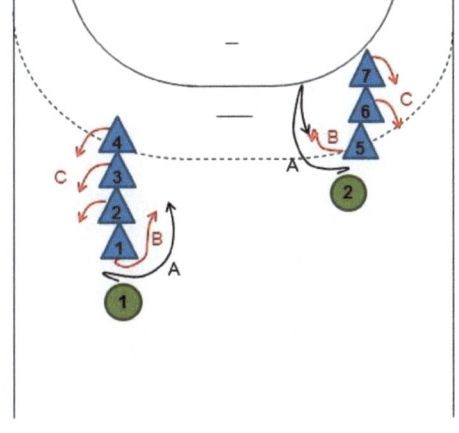

Ablauf:
- Alle Spieler einer Gruppe stellen sich hintereinander auf und fassen sich mit den Händen um die Hüften.
- Jeweils ein Spieler geht nicht in die Reihe (im Bild 1 und 2), sondern stellt sich gegenüber dem Gruppenkopf (im Bild 1 und 5) auf.
- 1 und 2 versuchen durch Seitwärtsbewegungen und schnelle Antritte (A), den hintersten Spieler der Schlange zu berühren.
- 1 und 5 verhindern dies so lange wie möglich, indem sie sich in den Weg stellen (B) und versuchen, immer zwischen 1 bzw. 2 und der Schlange zu stehen.
- Die Gruppe darf sich ebenfalls vom Angreifer wegbewegen (C). Dabei dürfen sich die Spieler aber nicht loslassen, der Kontakt in der Schlange muss immer bestehen bleiben.
- Auf Pfiff gehen 1 und 5 aus der Gruppe heraus und versuchen im nächsten Umlauf, das Ende der Gruppe zu berühren, 1 bzw. 2 nehmen die Position ganz am Ende der Schlange ein.
- Usw., bis jeder Spieler einmal Fänger war.

⚠ 1 und 5 sollen mit intensiver Beinarbeit versuchen, immer zwischen Schlange und Fänger zu stehen.

⚠ Die Fänger sollen aktiv arbeiten, viele Richtungswechsel und Geschwindigkeitswechsel vornehmen.

⚠ Je länger die Schlange ist, umso leichter ist die Aufgabe für den Fänger und umso schwerer für den Kopf der Gruppe.

Nr. 3	Tigerball	7	★
Benötigt:	1 Ball		

Ablauf:

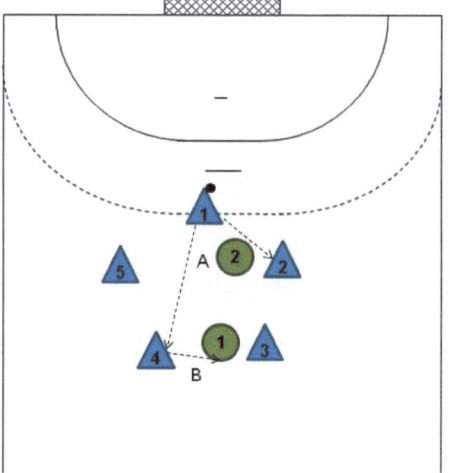

- Fünf Spieler setzen sich im Kreis auf den Boden und passen sich fortlaufend einen Ball zu (A).
- ① und ② versuchen mit schneller Beinarbeit, diesen Ball abzufangen.
- Wird der Ball herausgefangen (B), oder kommt ein Pass nicht an, so wechselt der Passgeber mit dem Abwehrspieler, der bereits länger in der Abwehr arbeitet.

⚠ Der Angriff soll den Ball schnell spielen. Als Zusatzregel kann vereinbart werden, dass auch ein Spieler, der den Ball länger als drei Sekunden in der Hand hält, mit dem Abwehrspieler wechseln muss.

⚠ Die Abwehr soll zusammenarbeiten und durch aktives Arbeiten mit Täuschungen die Passgeber zu Fehlern zwingen.

⚠ Bälle dürfen nicht mit dem Fuß herausgespielt werden.

Variationen:

- Die Spieler sitzen nicht, sondern stehen (auf einem Bein). In diesem Fall muss der Heber als Passvariante ausgeschlossen werden.

Nr. 4	Fangspiel im 4gegen4	10	★
Benötigt:	6 Hütchen, 1 Ball		

Aufbau:
- Mit Hütchen (oder vorhandenen Linien auf dem Hallenboden) ein Feld markieren.
- Vier Abwehrspieler stellen sich im Feld auf.

Ablauf:
- Vier Angreifer (, , 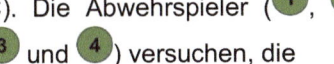 und
  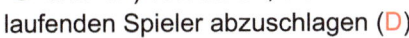) starten gleichzeitig (A) und versuchen, durch das Feld über die hintere Linie zu laufen (B und C). Die Abwehrspieler (1, 2, 3 und 4) versuchen, die laufenden Spieler abzuschlagen (D).
- Dabei dürfen die Angreifer zusammenarbeiten, indem ein Angreifer zwei Abwehrspieler bindet (B) und so ein weiterer Angreifer durch das Feld laufen kann (C).
- Wurde ein Angreifer abgeschlagen, verlässt er das Spiel über die Seitenauslinien (E).
- Sobald ein Spieler das Feld verlassen hat (C und E), darf ein neuer Spieler starten (F).
- Angreifer, die das Feld verlassen haben, stellen sich wieder an.
- Jeder Angreifer, der über die hintere Linie läuft, ergibt einen Punkt für den Angriff; jeder abgeschlagene Angreifer einen Punkt für die Abwehr.
- Nach einigen Aktionen die Abwehrspieler wechseln. Der Gewinner nach Punkten (Angriff oder Abwehr) darf eine Zusatzaufgabe (z. B. Sit-ups, Räder, Liegestützen) für den Verlierer auswählen.

⚠ Es dürfen immer nur vier Angreifer im Feld laufen. Die Angreifer sollen aber, nachdem ein Mitspieler das Feld verlassen hat, sofort mit einem neuen Spieler starten, sodass die Abwehr maximal unter Druck gesetzt wird (durch vier aktive Gegenspieler).

⚠ Die Angreifer sollen zusammenarbeiten, kreuzen und ablenken, um so einem Mitspieler das Durchkommen zu ermöglichen.

⚠ Die Abwehrspieler sollen aktiv arbeiten und sich untereinander absprechen.

Nr. 5	Vorübungen mit Leibchen	2	★
Benötigt:	2 unterschiedlich farbige Leibchen je 2er-Gruppe		

Aufbau 1:
- Zwei Spieler stehen sich mit Blickkontakt gegenüber.
- Ein Spieler hält in jeder Hand ein farbiges Leibchen (die Leibchen haben unterschiedliche Farben, z. B. gelb und grün).

Ablauf 1:
- Auf Pfiff des Trainers lässt der Spieler mit den Leibchen eines der beiden Leibchen fallen. Lässt er das Leibchen in der rechten Hand fallen, muss der andere Spieler das Leibchen mit der linken (gegenüberliegenden) Hand fangen, bevor es zu Boden fällt. Lässt der Spieler das linke Leibchen fallen, muss der andere Spieler das Leibchen mit der rechten (gegenüberliegenden) Hand fangen, bevor es zu Boden fällt.

⚠ Bei jüngeren Spielern eventuell das Leibchen nicht einfach fallen lassen, sondern etwas nach oben werfen, damit mehr Zeit zum Nachdenken bleibt, welche Hand zu nehmen ist.

Aufbau 2:

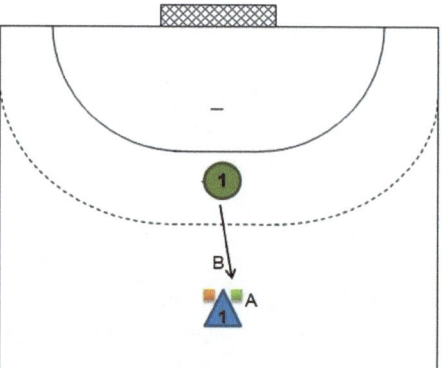

- 🔺 und 🟢 stehen sich jetzt mit größerem Abstand (ca. 2 Meter) gegenüber.
- 🔺 hält in jeder Hand ein farbiges Leibchen (unterschiedliche Farben, z. B. gelb und grün).
- Auf Pfiff des Trainers lässt 🔺 eines der beiden Leibchen fallen (A).
- 🟢 muss mit 1–2 schnellen Schritten nach vorne gehen und das Leibchen fangen, bevor es den Boden berührt (B).
- Lässt 🔺 das gelbe Leibchen fallen, muss 🟢 das Leibchen mit der rechten Hand fangen, bevor es zu Boden fällt. Lässt 🔺 das grüne Leibchen fallen, muss 🟢 das Leibchen mit der linken Hand fangen, bevor es zu Boden fällt.

Variationen:
- Pfeift der Trainer zweimal schnell hintereinander, wechselt die Fanghand.
- 🔺 hält in jeder Hand einen Ball. Auf Pfiff lässt er einen fallen. 🟢 muss nun nach den gleichen Regeln den Ball fangen, bevor er auf den Boden aufprellt (ein zweites Mal aufprellt).

Nr. 6	Abwehrbewegungen mit Tennisball und Handball	2	⭐
Benötigt:	Ein Tennisball und ein Handball je 2 Spieler		

Aufbau:
- Die Spieler bilden 2er-Gruppen.
- Jede Gruppe hat einen Tennisball und einen Handball.

Ablauf 1 (A):
- 1 und 2 stellen sich mit 2–3 Metern Abstand auf, 1 hat einen Tennisball.
- 1 prellt den Tennisball auf den Boden.
- 2 sprintet nach vorne und versucht, den Tennisball zu fangen, bevor er den Boden zum zweiten Mal berührt (A).
- Dann prellt 2 den Ball usw., bis jeder Spieler fünf Sprints absolviert hat.
- Gelingt das Fangen, vergrößern die Spieler den Abstand zueinander im nächsten Durchgang; konnte der Ball nicht gefangen werden, wird der Abstand etwas verringert.

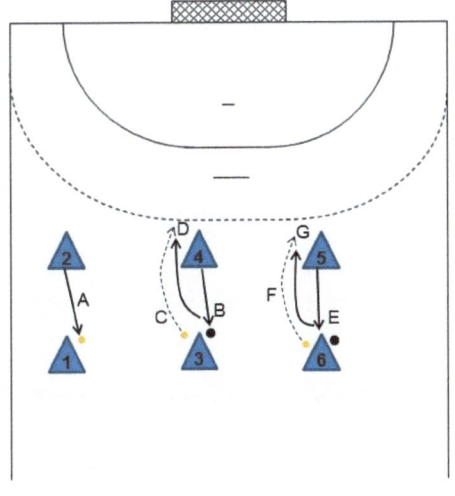

Ablauf 2 (B bis D):
- 3 und 4 stellen sich mit 2–3 Metern Abstand auf, 3 hat einen Tennis- und einen Handball.
- 3 beginnt, mit dem Handball zu prellen.
- 4 sprintet nach vorne und versucht, den Ball herauszuprellen (B).
- Nach dem Herausprellen, wirft 3 den Tennisball in einem lockeren Bogen über 4 (C).
- 4 dreht um und versucht, den Tennisball aus der Luft zu fangen (D).
- Danach wechseln die Aufgaben; jeder Spieler macht fünf Aktionen.

Ablauf 3 (E bis G):

- 5 und 6 stellen sich mit 2–3 Metern Abstand auf, 5 hat einen Tennis- und einen Handball.
- 5 präsentiert den Handball in der Wurfauslage.
- 6 sprintet nach vorne, nimmt Körperkontakt auf und schiebt 5 leicht nach hinten (E).
- 5 wirft den Tennisball in einem lockeren Bogen über 6 (F).
- 6 dreht um und versucht, den Tennisball aus der Luft zu fangen (G).

⚠️ Die Spieler sollen auf das erste Signal schnell reagieren, sofort antreten und in vollem Sprint in die Aktion gehen.

2. Herausprellen von Bällen im 1gegen1

Nr. 7	Herausprellen nach Beobachten des Gegenspielers	2	★
Benötigt:	4 Hütchen und 1 Ball je 2er-Gruppe		

Ablauf 1:

- Die Spieler bilden 2er-Teams.
- 1 prellt im Stehen einen Ball (A).
- 1 beobachtet das Prellen und versucht dann durch einen schnellen Schritt nach vorne mit dem richtigen Timing, den Ball herauszuprellen (B).
- 1 prellt 1–2 Meter (C), passt dann wieder zu 1 und startet den Ablauf erneut von der anderen Seite.
- Nach 10 Versuchen wechseln die beiden Spieler die Aufgaben.

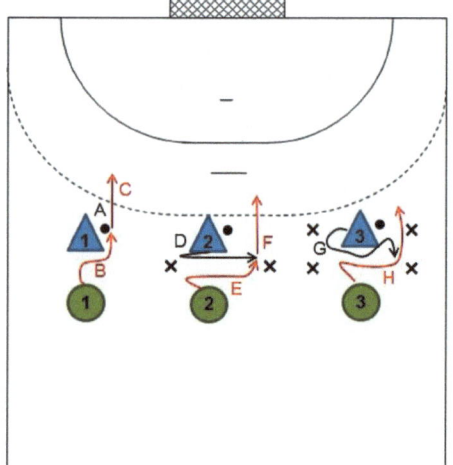

Ablauf 2:
- Die Spieler bilden wieder 2er-Teams, pro Team zwei Hütchen mit 2–3 Metern Abstand aufstellen.
- 2 prellt einen Ball und bewegt sich dabei im Sidestep vom Hütchen links zum Hütchen rechts und zurück (D).
- 2 beobachtet das Prellen, verfolgt die Bewegung von 2 und versucht dann, im richtigen Moment den Ball herauszuprellen (E).
- 2 prellt 1–2 Meter (F), passt dann wieder zu 2 und startet den Ablauf erneut von der anderen Seite.
- Nach 10 Versuchen wechseln die beiden Spieler die Aufgaben.

Ablauf 3:
- Die Spieler bilden wieder 2er-Teams, pro Team ein schmales Feld mit vier Hütchen abstecken.
- 3 prellt einen Ball und bewegt sich dabei frei innerhalb des Felds (G).
- 3 beobachtet das Prellen, verfolgt die Bewegung von 3 und versucht dann, im richtigen Moment den Ball herauszuprellen (H).
- 3 prellt 1–2 Meter, passt dann wieder zu 3 und startet den Ablauf erneut von der anderen Seite.
- Nach 10 Versuchen wechseln die beiden Spieler die Aufgaben.

⚠️ Der Ball wird optimal herausgeprellt, wenn er vom Boden wieder nach oben abspringt.

⚠️ Der Abwehrspieler soll den Ball so herausprellen, dass er ihn unter Kontrolle bekommt und direkt weiterprellen kann.

Nr. 8	Herausprellen in Varianten	2	★
Benötigt:	1 Ball je 2er-Gruppe		

Aufbau:
- Immer zwei Spieler gehen mit einem Ball zusammen.

Ablauf 1:
- Der vordere Spieler (①) geht mit Ball langsam los (A) und prellt dabei mit einer Hand den Ball vor sich (ohne die prellende Hand dabei zu wechseln).
- Der hintere Spieler (▲) trabt langsam an (A), läuft auf der Seite vorbei, auf der ① den Ball prellt (B) und prellt beim Vorbeilaufen den Ball heraus (C).

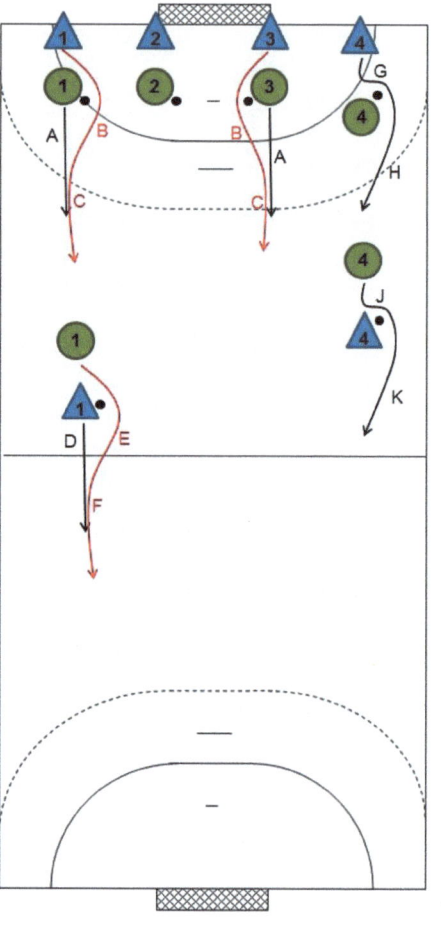

⚠ ▲ soll dabei die Hand zum Herausprellen nehmen, die näher zu ① ist (kein Übergreifen!). Läuft ▲ links an ① vorbei (① prellt den Ball mit der linken Hand), nimmt ▲ seine rechte Hand zum Herausprellen, läuft ▲ rechts an ① vorbei (① prellt den Ball mit der rechten Hand), nimmt ▲ seine linke Hand zum Herausprellen.

⚠ ▲ soll beim Herausprellen darauf achten, dass er den Ball in der Aufwärtsbewegung vom Boden herausprellt.

- Vor ① angekommen, stoppt ▲ und beginnt nun selbst gehend mit dem Prellen.
- Der Ablauf wiederholt sich mit ①, der jetzt den Ball herausprellt (E und F).
- Usw.

Ablauf 2:
- ① läuft jetzt langsam beim Prellen.

Ablauf 3:
- Die beiden Spieler stehen sich gegenüber.
- 4 (grün) prellt den Ball vor sich auf der Stelle stehend.
- 4 (blau) soll den richtigen Moment abwarten (wenn der Ball vom Boden aufsteigt), einen schnellen Schritt nach vorne machen und dabei den Ball herausprellen (G und H).
- 4 (blau) läuft mit dem Ball ein paar Schritte weiter, dreht sich dann um und der Ablauf wiederholt sich, indem 4 (grün) nun 4 (blau) den Ball rausprellt (J und K).

Nr. 9	Herausprellen im vorgegebenen Korridor	2	★
Benötigt:	4 Hütchen und 1 Ball je 2er-Gruppe		

Aufbau:
- 2er-Teams bilden, je Team ein Feld mit vier Hütchen abgrenzen.

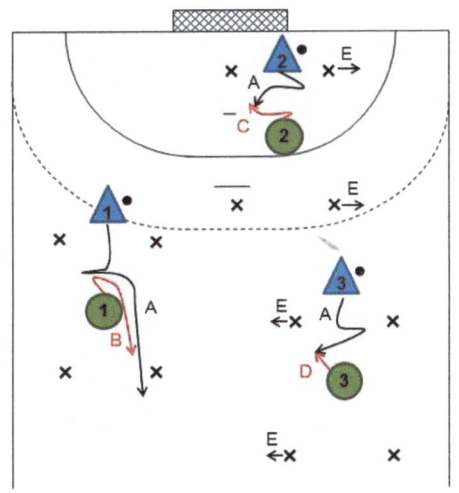

Ablauf:
- Die Angreifer (hier 1, 2 und 3) starten prellend mit Ball durch die ersten beiden Hütchen und versuchen, das Feld prellend zu durchqueren und durch die hinteren beiden Hütchen wieder zu verlassen (A).
- Die Abwehrspieler (hier 1, 2 und 3) versuchen, die Angreifer aufzuhalten (B) und den Ball herauszuprellen (C und D).
- Nach der Aktion wechseln die Angreifer im Uhrzeigersinn zum nächsten Abwehrspieler und starten den Ablauf erneut.
- Gelingt einem Abwehrspieler das Herausprellen zweimal hintereinander, darf er sein Spielfeld vergrößern (E).
- Nach zwei (drei) kompletten Runden (jeder Angreifer hat zweimal (dreimal) bei jedem Abwehrspieler angegriffen) werden die Hütchen wieder in Ausgangsstellung gebracht und der Ablauf startet mit neuen Abwehrspielern.

⚠ Die Abwehrspieler sollen gezielt auf das Herausprellen des Balles spielen, dabei aber auch den Angreifern den Laufweg in Richtung der hinteren Hütchen verstellen.

Nr. 10	Herausprellen bei variablen Angreifern	8	★
Benötigt:	2 Ballkisten mit ausreichend Bällen, 4 Hütchen für die Spielfeldmarkierung		

Aufbau:
- Mit Hütchen oder bestehenden Linien den Abwehrraum definieren; eine volle Ballkiste auf der einen Seite, eine leere auf der anderen Seite aufstellen.

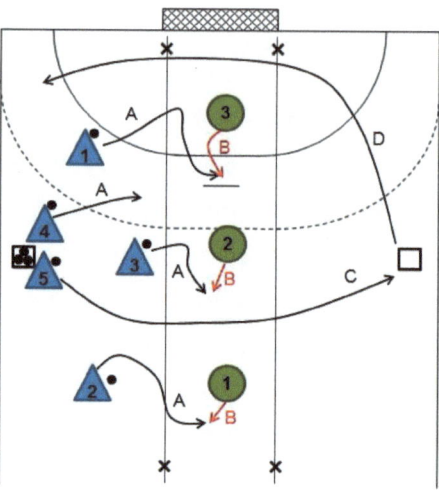

Ablauf:
- Drei Spieler (hier 1, 2 und 3) starten in der Abwehr.
- Die Angreifer nehmen sich je einen Ball und versuchen, durch den Abwehrraum zu prellen (A) und den Ball auf der anderen Seite in die leere Ballkiste zu legen (C).
- Nach dem Ablegen laufen die Angreifer außen herum zurück (D) und holen den nächsten Ball.
- Die Abwehrspieler versuchen, die Spieler aufzuhalten und die Bälle herauszuprellen (B) und zur Startseite der Angreifer zurückzurollen.
- Wie lange dauert es, bis der Angriff alle Bälle in der leeren Kiste abgelegt hat?
- Danach startet der nächste Durchgang mit neuen Abwehrspielern von der anderen Seite.

⚠ Die Abwehrspieler sollen gezielt auf das Herausprellen des Balles spielen, dabei aber auch den Angreifern den Laufweg in Richtung der anderen Feldhälfte verstellen.

Nr. 11	Herausprellen und Torwurf	9	☆
Benötigt:	4 Hütchen, Ballkiste mit ausreichend Bällen		

Aufbau:
- Mit Hütchen (oder vorhandenen Linien) ein Feld wie abgebildet definieren und eine Ballkiste auf der Seite aufstellen.

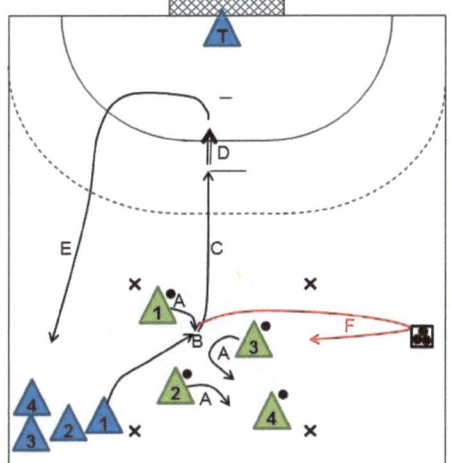

Ablauf:
- Es werden zwei Mannschaften gebildet.
- Eine Mannschaft startet im Feld, jeder Spieler dieser Mannschaft hat einen Ball.
- Die andere Mannschaft steht außerhalb des Feldes.
- Auf Kommando des Trainers starten alle Spieler im Feld, laufen durcheinander und prellen dabei ihren Ball (A).
- 1 läuft ins Feld und versucht, einen Ball herauszuspielen (B).
- Sobald 1 einen Ball hat, läuft er in Richtung Tor (C) und wirft (D).
- Trifft 1, bekommt die Mannschaft einen Punkt.
- 1 stellt sich wieder an (E).
- Der Spieler, dessen Ball herausgeprellt wurde (hier 1), läuft sofort im Sidestep zur Ballkiste, holt einen neuen Ball (F) und prellt wieder im Feld.
- Sobald 1 das Feld verlässt, darf 2 ins Feld starten, um ebenfalls einen Ball herauszuprellen.
- Nach fünf Minuten (oder fünf Würfen für jeden Spieler) werden die Aufgaben gewechselt.
- Welche Mannschaft erzielt mehr Tore?

⚠ Die Spieler im Feld sollen versuchen, ihren Ball so lange wie möglich zu behalten, ohne dabei das Feld zu verlassen.

⚠ Nach dem Herausprellen sollen beide Spieler sofort in die Folgeaktion (Wurf auf das Tor / Holen eines neuen Balls) starten.

Nr. 12	Herausprellen und 1gegen1 auf Kommando	3	★★
Benötigt:	1 Ball je 3er-Gruppe		

Aufbau:

- ① steht ca. 2–3 Meter von ▲1 enfernt vor ▲1.

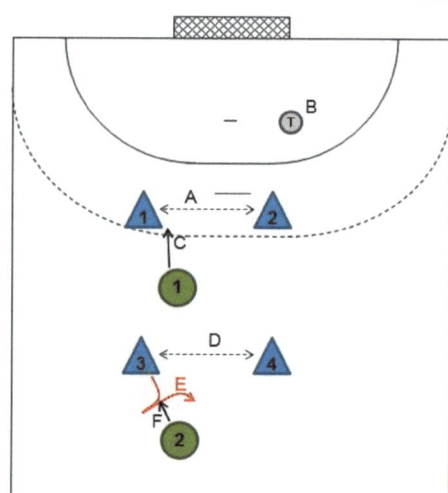

Ablauf 1:

- ▲1 und ▲2 passen sich fortlaufend einen Ball zu (A).
- Auf Pfiff des Trainers (B), muss der Ball zu ▲1 gepasst werden, und ▲1 fängt an, den Ball vor sich auf den Boden zu prellen.
- ① geht mit 2–3 schnellen Schritten nach vorne und prellt den Ball bei ▲1 heraus (C).
- Danach geht ① in die Ausgangsstellung vor ▲2 und der Ablauf wiederholt sich dort; danach die Spieler wechseln.

⚠ ① soll den Pass auf jeden Fall zulassen und erst bei der Prellaktion von ▲1 den Ball herausprellen.

⚠ Der Ball soll in der Aufwärtsbewegung vom Boden zur Hand herausgeprellt werden.

Ablauf 2:

- ▲3 und ▲4 passen sich fortlaufend einen Ball zu (D).
- Auf Pfiff des Trainers (B), muss der Ball zu ▲3 gepasst werden.
- ▲3 geht sofort, ohne zuerst zu prellen, in die Vorwärtsbewegung Richtung ② (E).
- ② tritt ▲3 entgegen und versucht, die Angriffsaktion sofort zu unterbinden (F).
- Danach geht ② in die Ausgangsstellung vor ▲4 und der Ablauf wiederholt sich dort; danach die Spieler wechseln.

Ablauf 3:

- Die beiden zuvor geübten Abläufe werden nun abgewechselt.
- Prellt ▲1, soll ① versuchen, den Ball herauszuprellen (C).
- Prellt ▲1 nicht, muss die Angriffsaktion von ① unterbunden werden (E und F).

3. Offensive Abwehr im 1gegen1

Nr. 13	1gegen1 zu dritt	3	★
Benötigt:	3 Hütchen je 3er-Gruppe		

Aufbau:
- Je 3er-Gruppe drei Hütchen wie abgebildet aufstellen.

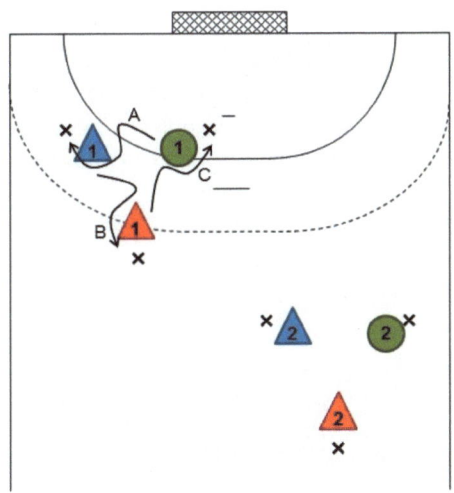

Ablauf:
- ① startet eine 1gegen1-Aktion ohne Ball gegen △1 und versucht, das Hütchen mit dem Fuß/der Hand zu berühren (A).
- △1 soll mit schnellen Seitwärtsbewegungen den Laufweg zum Hütchen zustellen und mit den Armen ① immer vor sich halten.
- Sobald ① das Hütchen berührt, sich festgelaufen hat, bzw. das Hütchen nicht mehr erreichen kann, tritt er etwas zurück und △1 startet sofort seine 1gegen1-Aktion gegen △1 (B).
- Sobald △1 das Hütchen berührt, sich festgelaufen hat, bzw. das Hütchen nicht mehr erreichen kann, tritt er etwas zurück und △1 startet sofort seine 1gegen1-Aktion gegen ① (C).
- Usw., bis jeder Spieler 10 Aktionen gemacht hat.

⚠ Die Abwehrspieler sollen sofort nach ihrer Abwehraktion auf Angriff umschalten und die eigene 1gegen1-Aktion starten.

⚠ Die Abwehrspieler sollen mit leicht angewinkelten Armen arbeiten und den Angreifer immer vor sich halten.

⚠ Um es den Spielern leichter zu machen, kann der Trainer bei nicht erfolgreichen Angriffen durch ein Signal den Aufgabenwechsel einleiten.

Nr. 14	Anspiel verhindern	3	★
Benötigt:	4 Hütchen und 1 Ball je 3er-Gruppe		

Aufbau:
- Die Spieler in 3er-Gruppen aufteilen. Jede 3er-Gruppe hat einen Ball (bei nicht durch drei teilbarer Gruppengröße kann die Übung in 4er-Gruppen mit zwei sich abwechselnden Angreifern durchgeführt werden).
- Für jede Gruppe ein Rechteck aus vier Hütchen aufstellen (siehe Bild).

Ablauf:
- ① startet in der Abwehr im Rechteck.
- ▲ betritt das Rechteck und versucht, sich für den Pass von ▲ anzubieten (A). Ziel von ▲ ist es, den Ball zu bekommen (E) und mit Ball das Feld über die hintere Hütchenlinie zu verlassen (D).
- ① nimmt ▲ offensiv an und begleitet ▲ so, dass er keinen Pass von ▲ bekommen kann (B und C).
- Dabei achtet ① darauf, immer zwischen ▲ und der Ziellinie zu stehen und sich mit schnellen Schritten immer wieder so zu positionieren, dass er den direkten Weg von ▲ zur Ziellinie zustellt und gleichzeitig den Pass (C) unterbindet.
- Sollte ▲ den Pass spielen, versucht ①, diesen abzufangen.
- Konnte ▲ das Feld mit Ball verlassen oder verlässt ▲ das Feld ohne Passerfolg, dreht er um und startet die nächste Aktion von der anderen Seite.
- Die anderen 3er-Gruppen führen den Ablauf parallel in ihren Rechtecken aus.
- Nach einer gewissen Zeit wechseln die Aufgaben innerhalb der 3er-Gruppen.

⚠ Die Abwehr muss sich immer zwischen Angreifer und Ziellinie positionieren und dennoch den Ball im Auge behalten.

⚠ Mit schnellen Seitwärts- und Rückwärtsschritten versucht die Abwehr, in korrekter Abwehrposition den Abstand zum Angreifer konstant zu halten.

Training der offensiven Abwehr im Jugendhandball
1gegen1, Kleingruppe, Manndeckung und offensive Abwehrkooperationen

⚠ Durch Variation der Feldgröße kann die Übung dem Leistungsstand der Spieler angepasst werden.

⚠ Der Angriff soll sich Freilaufen, mit dem Ziel, die gegenüberliegende Linie zu überqueren.

Nr. 15	Durchbruch mit und ohne Ball verhindern	8	★
Benötigt:	12 Hütchen, 2 umgedrehte Turnkisten, Ballkiste mit ausreichend Bällen		

Aufbau:
- Zwei Korridore mit Hütchen markieren und zwei umgedrehte Turnkisten als Ziele aufstellen.

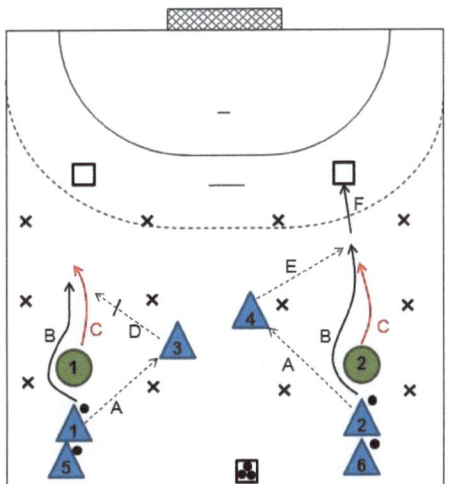

Ablauf:
- Zwei Mannschaften bilden, wobei jeweils ein Spieler bei der anderen Mannschaft in der Abwehr spielt.
- Pro Mannschaft einen Zuspieler festlegen (im Bild 3 und 4).
- Die ersten Angreifer (hier 1 und 2) starten mit Pass zum Zuspieler (A) und versuchen, sich im Feld freizulaufen (B), den Ball vom Zuspieler zu bekommen (E) und ihn (evtl. nach Prellen) in der Kiste abzulegen (F). Dabei darf der Zuspieler auch mehrfach angespielt werden.
- 1 und 2 stellen den Weg zur Kiste zu (C) und versuchen, die Pässe zu verhindern (D) oder abzufangen, bzw. den Ball herauszuprellen, wenn der Angreifer den Ball prellt.
- Nach Ballverlust oder Ballablage in der Kiste startet der nächste Angreifer.
- Nach einiger Zeit Abwehrspieler und Angreifer wechseln.
- Welche Mannschaft hat nach einem kompletten Durchlauf (jeder Spieler war einmal in der Abwehr) mehr Bälle in der Kiste abgelegt?

⚠ Die Abwehr muss sich immer zwischen Angreifer und Ziellinie positionieren und aus dieser Stellung versuchen, den Ball im Auge zu behalten.

⚠ Durch Variation der Feldbreite kann die Übung dem Leistungsstand der Spieler angepasst werden.

Nr. 16	1gegen1 auf Matten als Spiel	8	★
Benötigt:	8 Hütchen, 2 dünne Turnmatten, 2 Ballkisten mit ausreichend Bällen		

Aufbau:
- Hütchenfelder und dünne Turnmatten wie im Bild aufstellen.

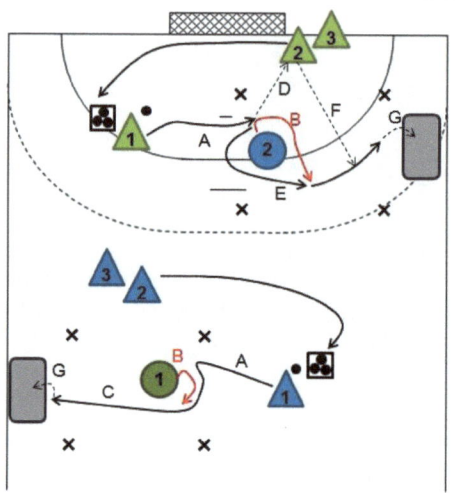

Ablauf:
- Zwei Mannschaften (im Bild grün und blau) spielen gegeneinander.
- Ein Spieler jeder Mannschaft spielt in der Abwehr gegen die Angreifer der anderen Mannschaft.
- Auf Kommando startet 🔺 mit Ball (A) und versucht, das Hütchenfeld zu durchlaufen und den Ball auf der kleinen Turnmatte abzulegen (G), 🔺 spielt in der Abwehr gegen 🔺 (B).
- Parallel startet 🔺 gegen den Abwehrspieler der blauen Mannschaft.
- Die Angreifer können den Abwehrspieler prellend überwinden (C) oder mit einem Anspieler zusammenspielen (D, E und F)
- Der Spieler, der den Ball zuerst ablegt, gewinnt für die Mannschaft einen Punkt.
- Auf das nächste Kommando startet der bisherige Anspieler in die nächste Aktion.
- Nach zwei Runden den Abwehrspieler tauschen. Welche Mannschaft erzielt mehr Punkte?

⚠️ Die Abwehrspieler versuchen, immer zwischen Angreifer und Ziel (dünne Turnmatte) zu stehen und aus dieser Position heraus, je nach Spielsituation, den Ball herauszuprellen oder Pässe zum Angreifer zu verhindern.

Nr. 17	Dreimal 1gegen1 im Korridor	10	★
Benötigt:	8 Hütchen, ausreichend Bälle		

Aufbau:
- Mit Hütchen drei Korridore markieren.

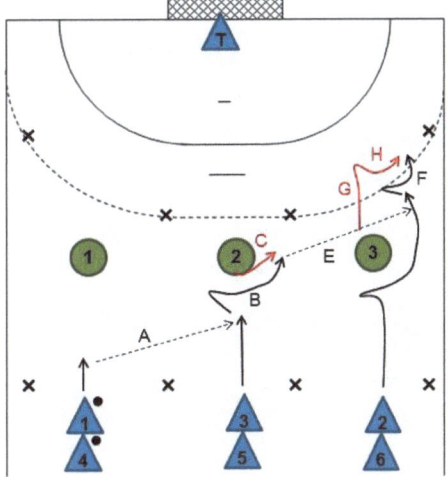

Ablauf:
- 1, 2 und 3 spielen frei im 3gegen3 gegen 1, 2 und 3.
- Dabei dürfen die Angreifer jedoch ihren eigenen Korridor nicht verlassen.
- Die Angreifer versuchen, durch Pässe (A und E) und 1gegen1-Aktionen zum Erfolg zu kommen.
- Die Abwehrspieler agieren zunächst auf einer Linie und versuchen, sobald ein Angreifer prellt, den Ball herauszuspielen (C).
- Läuft ein Angreifer ohne Ball, lässt sich der Abwehrspieler zurückfallen (G), um sofort, wenn der Angreifer den Ball bekommt und ins 1gegen1 startet (F), wieder entgegentreten und abwehren zu können (H).
- Nach Torabschluss oder erfolgreicher Abwehraktion starten 4, 5 und 6 die nächste Angriffsaktion.
- Nach 10 Angriffen die Abwehrspieler wechseln.

⚠️ Die Abwehrspieler sollen gezielt auf das Herausprellen des Balles spielen, dabei aber den Angreifern immer den Laufweg in Richtung Tor verstellen.

Nr. 18	Zweimal 1gegen1 im Korridor	9	★
Benötigt:	6 Hütchen, 2 Ballkisten mit ausreichend Bällen		

Aufbau:
- Mit Hütchen einen Korridor in der Feldmitte markieren (s. Bild).

Ablauf:
- 🔺3 startet prellend durch die ersten beiden Hütchen (A).
- 🔺1 und 🔺2 versuchen, sich für einen Pass von 🔺3 (D) anzubieten (B).
- 🟢1 und 🟢2 decken offensiv gegen 🔺1 und 🔺2 und versuchen, ein Anspiel zu verhindern (C).
- Nach erfolgtem Pass spielen 🔺1 und 🔺2 bis zum Torwurf weiter (E und F), 🟢1 und 🟢2 versuchen, einen Abschluss zu verhindern.
- Kann 🔺3 keinen Pass spielen, bis er am Ende des Korridors ankommt (G), stellt sich 🔺3 wieder an, und 🔺1 und 🔺2 spielen einen erneuten Versuch gegen 🟢1 und 🟢2, mit 🔺4 als Passgeber. Ist ein Pass erfolgt, tauscht 🔺3 mit dem Werfer, der Werfer stellt sich bei den Ballkisten wieder an.

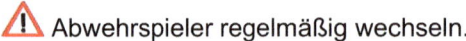

⚠️ Abwehrspieler regelmäßig wechseln.

⚠️ Die Abwehrspieler sollen sich immer zwischen Angreifer und Tor positionieren und zunächst ein Anspiel verhindern. Sollte dennoch ein Pass zum Angreifer erfolgen, sollen sie den Angreifer am Torwurf hindern und wenn möglich, den Ball herausprellen oder einen Fehlpass erzwingen.

Nr. 19a	1gegen1 mit gleichzeitiger Beobachtung des Ballhalters	9	
Benötigt:	8 Hütchen, ausreichend Bälle		

Aufbau:
- Mit Hütchen zwei Korridore links und rechts abgrenzen (s. Bild).

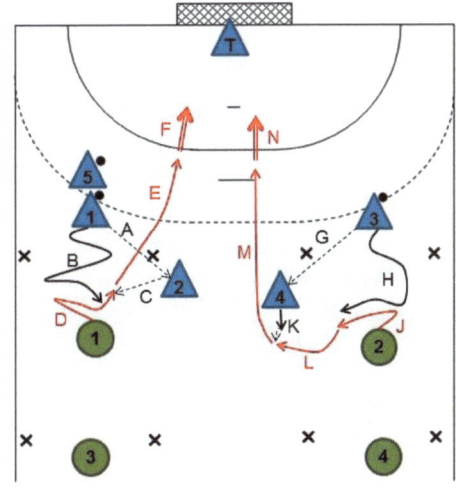

Ablauf:
- 1 passt als Auftakt zu 2 (A) und versucht dann, sich im Feld wieder für einen Pass (C) anzubieten (B).
- 1 versucht, den Pass so lange wie möglich zu verhindern (D) und im Idealfall, den Pass herauszufangen.
- Gelingt 1 das Abfangen des Balles, geht er sofort in Richtung Tor (E) und schließt mit Wurf ab (F).
- Dann startet der Ablauf auf der rechten Seite (H und J).
- Der Anspieler kann, anstatt den Angreifer anzuspielen, auch die Entscheidung treffen, den Ball auf den Boden abzulegen (K).
- Das ist das Signal für den Abwehrspieler, den Ball aufzunehmen (L), in Richtung Tor zu gehen (M) und mit Wurf abzuschließen (N).
- Nach dem Wurf stellt sich 1 mit Ball hinter 3 an, 2 hinter 5.
- 3 und 4 rücken als Abwehrspieler nach, 1 und 3 stellen sich als nächste Abwehrspieler an.
- Nach einiger Zeit die Anspieler austauschen.

⚠ Die Abwehrspieler sollen gegen den direkten Gegenspieler verteidigen, aber immer auch den Ballhalter beobachten, sodass sie beim Ablegen des Balls sofort reagieren können. Hierfür lassen sich die Abwehrspieler immer mindestens auf Ballhöhe zurückfallen.

Nr. 19b	1gegen1 mit gleichzeitiger Beobachtung des Ballhalters	9	★★
Benötigt:	6 Hütchen, ausreichend Bälle		

Aufbau:
- Mit Hütchen das Spielfeld in einen mittleren und zwei äußere Korridore teilen (s. Bild).

Ablauf:

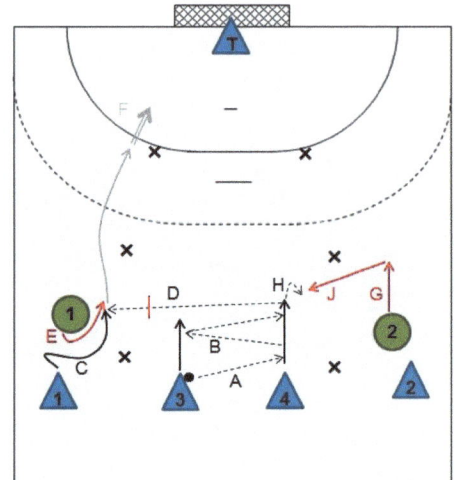

- 3 und 4 dienen als Anspieler. Sie passen sich im mittleren Korridor einen Ball zu (A und B).
- 1 und 2 spielen im 1gegen1 ohne Ball (C) gegen 1 (E) bzw. 2. Dabei positioniert sich der Abwehrspieler immer zwischen Gegenspieler und Ziel und versucht, einen Pass zu verhindern (D).
- Sollte ein Pass gelingen, läuft der Angreifer Richtung Tor und wirft (F).
- 1 und 2 lassen sich, auch wenn der Gegenspieler nicht aktiv ist, so weit zurückfallen, dass sie neben dem eigenen Gegenspieler auch den Ball im Blick haben (G).
- Wenn nach einigen Pässen zwischen 3 und 4 kein Pass zu einem Angreifer möglich war, lassen 3 oder 4 den Ball auf den Boden fallen (H).
- Das ist das Signal für den dem Ball näheren Abwehrspieler (im Bild 2), den Ball zu erlaufen und aufzunehmen (J).
- Nach Abschluss durch einen Angreifer (F), Aufheben des Balles (J) oder Ballverlust im Angriff starten die Zuspieler mit einem neuen Ball und zwei neuen Angreifern.
- Nach 10–15 Abwehraktionen die beiden Abwehrspieler und die Anspieler tauschen.

⚠ Die Spieler sollen sich immer zwischen direktem Gegenspieler und Tor positionieren, sich dabei aber so weit zurückfallen lassen, dass sie auch den Ball im Blick haben.

⚠ Die Zuspieler im Mittelsektor sollen zunächst einige Male versuchen, einen Angreifer anzuspielen, bevor sie den Ball im Mittelsektor fallenlassen.

Nr. 20	1gegen1 in offensiven Abwehrreihen – Zurücksinken und anschließender Zugriff	7	★★★
Benötigt:	8 Hütchen, Ballkiste mit ausreichend Bällen		

Aufbau:
- Zwei Spielkorridore mit je vier Hütchen abgrenzen.
- Ballkiste mit ausreichend Bällen bereitstellen.

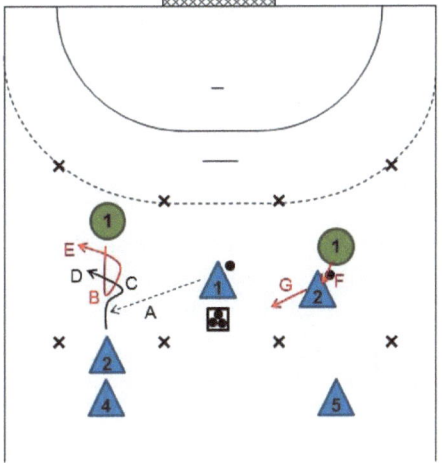

Ablauf:
- ① startet jeweils den Ablauf in der Nähe der 9-Meter-Linie stehend.
- ① startet den Ablauf, indem er den Ball in die Laufbewegung von ② passt (A).
- ① soll dieser Bewegung deutlich entgegentreten (B).
- ② soll jetzt versuchen, an ① vorbeizukommen (prellend oder innerhalb der 3-Schritt-Regel) (C und D).
- ① lässt sich sofort bei der Ballannahme zurücksinken und begleitet dann die Bewegung von ② (E).
    - Wenn ① während des Sinkens Zugriff auf ② bekommt, soll er ② direkt bekämpfen und entweder die Bewegung direkt unterbinden (F), oder ② aus dem Hütchenkorridor drängen (G).
- Sobald ② den Ball aufnimmt, hat ① zwei Optionen:
    - Ist ① nah genug an ② dran, soll er ② direkt bekämpfen (F) und versuchen, ihn aus dem Korridor zu drängen (G) → das ist das Ziel.
    - Ist ① für den Zugriff zu weit von ② entfernt, soll er den Abstand halten und einen Wurf zustellen.
- Nach der Aktion startet die zweite Aktion auf der rechten Seite.

⚠ ① soll versuchen, die Anlaufgeschwindigkeit von ② zu bremsen und während der Aktion Zugriff auf ② zu bekommen. Die direkte 1gegen1-Aktion, wenn ② aus dem vollen Lauf kommt, soll durch Zurücksinken vermieden werden.

4. Herausfangen von Bällen

Nr. 21	Wurfserie mit Abfangen von Bällen	6	★
Benötigt:	2 Hütchen, Ballkiste mit ausreichend Bällen		

Aufbau:
- Zwei Hütchen für den Laufweg und eine Ballkiste wie abgebildet aufstellen.

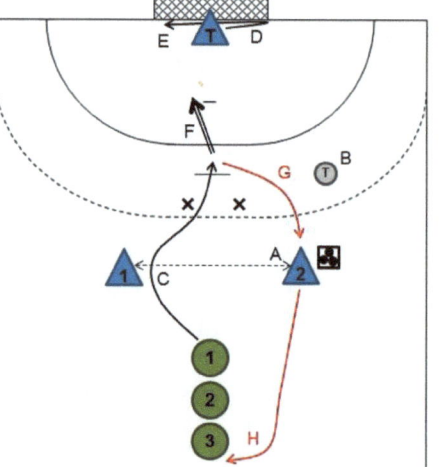

Ablauf:
- 1 und 2 passen sich fortlaufend einen Ball zu (A).
- Auf Pfiff des Trainers (B) startet 1 und fängt den Ball ab, den sich 1 und 2 hin und her passen. 1 und 2 sollen dabei das Abfangen zulassen!
- Während 1 und 2 sich den Ball passen, macht T Hampelmannbewegungen auf der Stelle.
- Sobald 1 den Ball herausfängt (C), macht T zuerst eine dynamische Bewegung zum Pfosten (D) und geht dann in die Bewegung nach rechts, um den von 1 geworfenen Ball (F) zu halten (E). 1 wirft frei nach rechts.
- Danach geht T zurück in die Tormitte und macht wieder die Hampelmannbewegungen.
- Nach dem Wurf wiederholt sich der Ablauf, 1 und 2 sollen nach dem Abfangen des Balles sofort einen neuen Ball nehmen und weiterpassen.
- Nach dem Wurf tauschen 1 und 2 die Plätze (G), und 2 stellt sich wieder an (H). Der nächste Spieler tauscht dann mit 1 usw.

⚠ Die Spieler sollen selbst entscheiden, auf welcher Seite sie den Ball abfangen, das Abfangen aber nah beim Spieler (Empfänger des Balles) versuchen (C).

⚠ Die Würfe erfolgen abwechselnd nach rechts und links, der Torhüter berührt jeweils zunächst den gegenüberliegenden Pfosten.

Nr. 22	Wurfserie mit Abfangen von Bällen 2	8	★
Benötigt:	4 Hütchen, ausreichend Bälle		

Aufbau:
- Mit zwei Hütchen die Wurfpositionen rechts und links außen markieren, mit zwei weiteren Hütchen die Laufwege nahe der Mittellinie markieren.

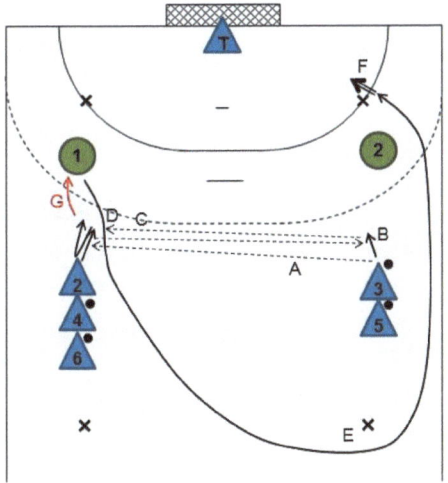

Ablauf:
- 3 passt zum Auftakt zu 2 (A); 2 passt aus der leichten Stoßbewegung zurück (B) und bekommt wieder den Rückpass in die erneute leichte Stoßbewegung (C).
- 1 versucht, diesen zweiten Pass von 3 zu 2 abzufangen (D), umläuft danach das rechte Hütchen an der Mittellinie (E), dann in Richtung Tor und wirft zum Schluss von rechts außen (F).
- Inzwischen eröffnet 4 mit einem Auftaktpass zu 3 den Ablauf von der anderen Seite.
- 2 besetzt die Position von 1 (G) für den nächsten Durchgang von links, 1 stellt sich rechts im Rückraum an.

Nr. 23a	Abfangen von Bällen aus der Abwehr heraus – Grundübung	7	⭐
Benötigt:	6 Hütchen, Ballkiste mit ausreichend Bällen		

Aufbau:
- Mit Hütchen einen Korridor in der Mitte wie abgebildet markieren.

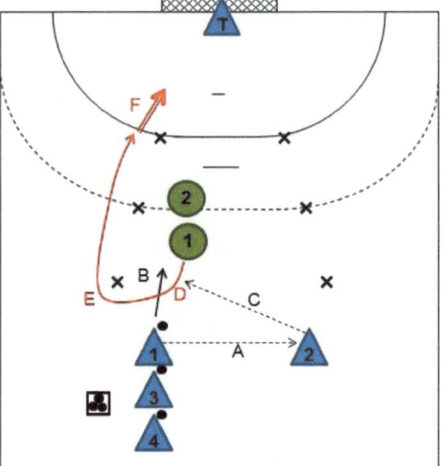

Ablauf:
- 🔺1 passt 🔺2 zum Auftakt den Ball (A), läuft los (B) und bekommt den Ball in die Laufbewegung gepasst (C).
- 🟢1 steht deutlich offensiv vor der 9-Meter-Linie in der Abwehr, auf der Seite von 🔺1.
- 🟢1 geht nach vorn, fängt den Pass (C) von 🔺2 ab (D), umläuft sofort die Hütchenreihe auf seiner Seite (E), geht dynamisch Richtung Tor und schließt mit Wurf ab (F).
- Danach stellt sich 🟢1 wieder in der Abwehr an.
- 🟢2 rückt etwas nach vorne und der Ablauf wiederholt sich mit 🔺3 und 🔺2.
- Usw.

Variationen:
- Die Abwehrseite wechseln.

⚠️ Die Spieler auf den Positionen regelmäßig austauschen.

Training der offensiven Abwehr im Jugendhandball
1gegen1, Kleingruppe, Manndeckung und offensive Abwehrkooperationen

Nr. 23b	Abfangen von Bällen aus der Abwehr heraus – Folgeübung	7	★
Benötigt:	6 Hütchen, Ballkiste mit ausreichend Bällen		

Aufbau:
- Mit Hütchen einen Korridor in der Mitte wie abgebildet markieren.

Grundablauf:

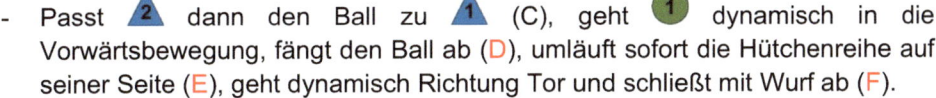

- 🔺1 passt 🔺2 zum Auftakt den Ball in die Laufbewegung (A).
- 🟢2 tritt 🔺2 dynamisch entgegen und attackiert ihn (B), 🔺2 soll dabei aber nicht gefoult werden, der Pass zu 🔺1 soll möglich bleiben.
- 🟢1 soll seine Laufbewegung so abstimmen, dass er immer zwischen 🔺1 und dem Tor steht und einen Abstand von 2–3 Meter zu 🔺1 hat.
- Passt 🔺2 dann den Ball zu 🔺1 (C), geht 🟢1 dynamisch in die Vorwärtsbewegung, fängt den Ball ab (D), umläuft sofort die Hütchenreihe auf seiner Seite (E), geht dynamisch Richtung Tor und schließt mit Wurf ab (F).

Erweiterter Ablauf:
- 🔺1 und 🔺2 dürfen sich maximal vier Pässe hin und her spielen, danach muss einer der beiden Abwehrspieler den Ball herausgefangen haben.
- Wenn 🟢2 den Ball herausfängt, muss er die Hütchenreihe auf seiner Seite umlaufen und dynamisch Richtung Tor gehen (G).
- Nach einer Aktion rutscht ein neuer Abwehrspieler (🟢3) auf die freigewordene Position nach.
- Usw.; nach einer Weile die Abwehr- und Angriffsspieler tauschen.

⚠ Die Abwehrspieler sollen die Laufbewegungen mit schneller Beinarbeit und hoher Dynamik absolvieren.

Nr. 24	Abfangen von Bällen nach 1gegen1-Aktionen	9	★★
Benötigt:	4 Hütchen, ausreichend Bälle		

Aufbau:
- Vier Hütchen wie abgebildet aufstellen.

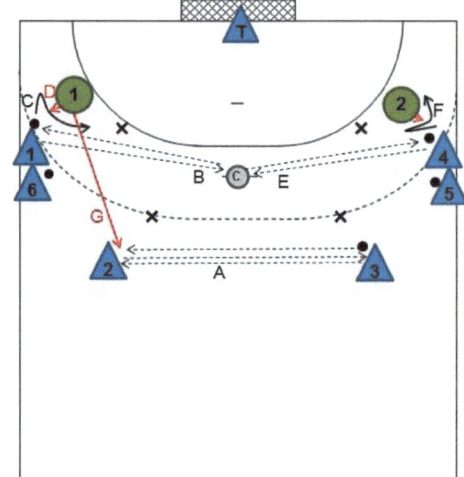

Ablauf:
- 2 und 3 passen sich im Rückraum fortlaufend einen Ball zu (A).
- 1 passt zum Trainer (B) und bekommt den Rückpass in die Vorwärtsbewegung.
- 1 versucht, im 1gegen1 an 1 vorbeizukommen (C) und mit Torwurf abzuschließen.
- 1 attackiert 1 im 1gegen1 und verhindert den Torwurf (D).
- Nach der 1gegen1-Aktion startet 4 mit den Auftaktpässen (E) und der 1gegen1-Aktion gegen 2 (F).
- Sofort nach seiner 1gegen1-Aktion versucht 1, den Ball, den sich 2 und 3 zupassen, herauszufangen (G).
- 1 hat nur während der 1gegen1-Aktion von 4 Zeit, da dann 6 mit seiner 1gegen1- Aktion gegen ihn startet.

⚠ Die Abwehrspieler sollen sofort nach der 1gegen1-Aktion versuchen, den Ball auf der Halbposition herauszufangen.

⚠ Darauf achten, dass der Pass (A) nah am Empfänger abgefangen wird.

⚠ Positionen regelmäßig wechseln.

Nr. 25	Abfangen von Bällen von der Außenposition	8	★★
Benötigt:	2 Hütchen, ausreichend Bälle		

Aufbau:
- Zwei Hütchen wie abgebildet aufstellen.

Ablauf:
- ▲2 passt zu ▲1 und bekommt den Rückpass (A).
- Anschließend passt ▲2 den langen Ball zu ▲3 (B).
- ●2 versucht, diesen Ball abzulaufen und herauszufangen (C).
- Läuft ●2 zu früh, kann ▲2 auch den langen Pass direkt auf ▲4 spielen (D). ●2 versucht, auch diesen Ball abzufangen.
- ▲1 und ▲2 wechseln nach dem langen Pass (B bzw. D) sofort die Position (E).
- Der Ablauf startet abwechselnd von rechts und links, sodass die Abwehrspieler genug Zeit haben, wieder ihre Ausgangsposition einzunehmen.

Variation:
- ▲2 kreuzt ▲1 an, ▲1 spielt danach den langen Pass entweder zu ▲3 oder zu ▲4.

⚠ Die Abwehrspieler sollen ein Gefühl für das richtige Timing gewinnen, sodass der Angriff ein Herauslaufen nicht erkennt, der Ball aber dennoch herausgefangen werden kann.

⚠ Die Abwehr regelmäßig neu besetzen.

⚠ Darauf achten, dass der Pass nah am Empfänger abgefangen wird.

5. Abwehr gegen den Kreisläufer in offensiven Abwehrformationen

Nr. 26	Den Kreisläufer gegen Pässe abschirmen	7	⭐
Benötigt:	6 Hütchen, 1 Kreis auf dem Hallenboden und 1 Ball		

Aufbau:
- Einen Kreis auf dem Hallenboden markieren oder einen vorhandenen Kreis nutzen.
- Mit Tape im Inneren einen kleinen Kreis oder ein Quadrat für die Position des Kreisläufers markieren.
- Mit Hütchen einen zweiten Kreis außerhalb markieren (s. Bild).

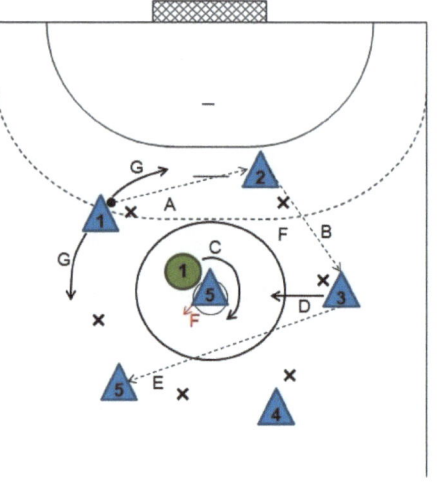

Ablauf:
- Ein Spieler startet als Kreisläufer im Kreis, ein weiterer als Abwehrspieler dagegen.
- Die anderen Spieler positionieren sich um den äußeren Kreis.
- Die Spieler außerhalb des Kreises passen sich den Ball zu (A und B).
- ① positioniert sich immer so zwischen Kreisläufer und Ballhalter (C), dass ein Pass zu ⑤ (D) nicht möglich ist.
- Nach einigen Passversuchen werden die Abwehrspieler gewechselt; jeder Spieler soll mindestens einmal in der Abwehr gearbeitet haben.
- Die Schwierigkeit für den Abwehrspieler wird nach und nach erhöht:
    o Zunächst sind nur Pässe von Position zu Position (A und B) und auch Rückpässe erlaubt.
    o Im zweiten Schritt dürfen auch Positionen übersprungen werden (E). Der Abwehrspieler muss auf diese Tempowechsel reagieren.
    o Der Kreisläufer steht zunächst mit beiden Beinen im markierten inneren Kreis. Nach und nach darf der Kreisläufer sich in einem erweiterten Radius bewegen und mit einem Bein den inneren Kreis verlassen (F). Ein Bein muss jedoch immer im Kreis stehen bleiben. Der Abwehrspieler muss sich in dieser Variante viel mehr bewegen, um den Kreisläufer abzuschirmen und auch auf dessen Bewegungen reagieren.
    o In der letzten Variante dürfen sich die Angreifer entlang des äußeren Kreises bewegen (G).

⚠️ Schafft ① es nicht, ⑤ komplett abzuschirmen, soll er zumindest versuchen, den Ball vor ⑤ zu erreichen.

⚠️ Bei vielen Spielern im Training kann auch in zwei Gruppen mit vier oder fünf Spielern um den äußeren Kreis gearbeitet werden.

⚠️ ① muss mit schneller Beinarbeit und hoher Dynamik in der Laufbewegung arbeiten und den Passgeber immer im Auge behalten.

Nr. 27	Den Kreisläufer gegen Pässe abschirmen 2	4	⭐
Benötigt:	2 Hütchen und 1 Ball je 4er-Gruppe		

Aufbau:
- Es werden Vierergruppen gebildet. Je Gruppe eine Linie mit Hütchen markieren.

Ablauf:
- ② und ③ passen sich den Ball zu (A).
- ① bewegt sich entlang der Linie (B) und bietet sich zum Pass an.
- Ist ① anspielbar, passen ② bzw. ③ den Ball zu ① (C).
- ① deckt als Abwehrspieler ① ab. Sollte der Pass (C) gespielt werden, versucht ①, den Ball vor ① abzufangen. (D).
- Die weiteren Vierergruppen führen den Ablauf parallel durch (E).
- Nach 2–3 Minuten (ca. 10 Aktionen) die Aufgaben innerhalb der Vierergruppen wechseln.

⚠️ Die Abwehrspieler sollen die „Kreisläufer" abschirmen und so den Pass verhindern.

Nr. 28	Den Kreisläufer gegen Pässe abschirmen 3	7	★
Benötigt:	5 Hütchen, Ballkiste mit ausreichend Bällen		

Aufbau:
- Mit vier Hütchen den Bewegungsraum für den Kreisläufer markieren.
- Ein weiteres Hütchen in Richtung der Mittellinie für den Laufweg in der zweiten Aktion aufstellen.

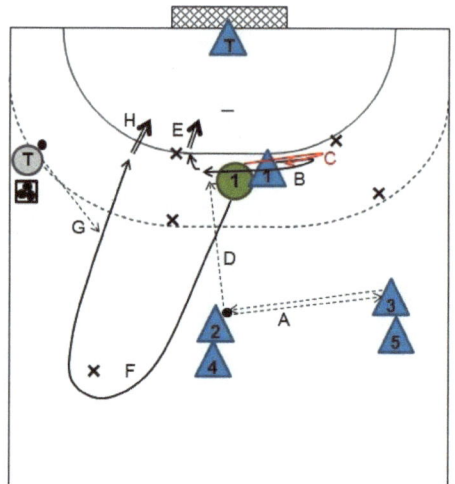

Ablauf:
- Auf Pfiff von (T) startet der Ablauf und 2 und 3 spielen sich fortlaufend einen Ball zu (A).
- Jeder der beiden Spieler versucht dabei nach Erhalt des Balles, den Kreisläufer (1) anzuspielen (D).
- 1 darf sich am Kreis frei bewegen und sich für einen Pass anbieten (B). Er muss dabei auch nicht auf der Linie bleiben, sondern darf sich auch im Raum innerhalb des abgesteckten Feldes anbieten.
- 1 versucht so lange wie möglich, einen Pass zu 1 zu verhindern (C).
- Gelingt ein Pass zu 1 (D), versucht 1, sich zu drehen und auf das Tor zu werfen (E).
- Beim Wurf von 1, oder wenn (T) nach Ablauf von einiger Zeit (10–20 Sekunden) erneut pfeift, startet 1 um das hintere Hütchen (F), umläuft dieses und läuft danach in Richtung Tor.
- 1 bekommt einen zweiten Ball von (T) (G) und wirft aus dem vollen Lauf (H).
- 1 wird der neue Abwehrspieler, 2 wird der neue Kreisläufer und 4 rückt nach (im nächsten Durchgang wird 3 zum Kreisläufer und 5 rückt nach).

⚠ Das Ziel des Abwehrspielers ist es, einen Pass an den Kreis zu verhindern, bis (T) erneut pfeift.

⚠ Der Abwehrspieler soll sofort in die zweite Aktion starten, wenn der Kreisläufer zum Wurf kommt oder wenn (T) zum zweiten Mal pfeift.

6. Abwehr gegen Einläufer in offensiven Abwehrformationen

Nr. 29	Begleiten eines Einläufers	7	★
Benötigt:	2 Hütchen, Ballkiste mit ausreichend Bällen		

Aufbau:
- Eine vorhandene Linie als Ziellinie mit Hütchen markieren.

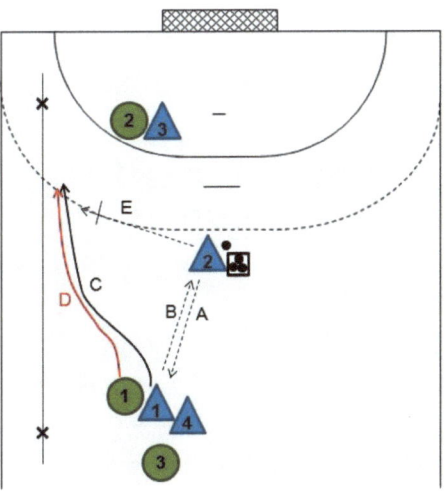

Ablauf:
- 2 passt zu 1 (A) und 1 passt zurück zu 2 (B).
- Nach dem zweiten Pass läuft 1 ein (C) und versucht, an der Ziellinie den Ball zu bekommen und hinter der Linie abzulegen.
- 1 begleitet 1 (D) und verhindert einen Pass von 2 zu 1 (E).
- Nach der Aktion holt 2 einen neuen Ball aus der Ballkiste und die Aktion startet von der anderen Seite mit 2 in der Abwehr gegen den einlaufenden 3.
- 1 stellt sich an der Position von 3 an, 1 wartet außerhalb des Feldes und ersetzt 2 nach dessen Abwehraktion.
- 3 nimmt die Position von 1 ein und startet gegen 4 die nächste Abwehraktion von links.
- Bei vielen Spielern führen weitere Gruppen den Ablauf parallel auf weitere markierte Linien durch.

⚠ Der Abwehrspieler muss den Einläufer so begleiten, dass er immer zwischen Ziellinie und Angreifer steht und dabei Körperkontakt zum Einläufer aufnehmen, um ihn abzudrängen und um die Möglichkeit zu haben, den Pass (E) abzufangen.

⚠ Den Anspieler (2) regelmäßig wechseln.

Nr. 30	Begleiten eines Einläufers und Spiel 2gegen2	9	★
Benötigt:	4 Hütchen, 2 Ballkisten mit ausreichend Bällen		

Aufbau:
- Mit Hütchen einen Korridor in der Feldmitte markieren (s. Bild).

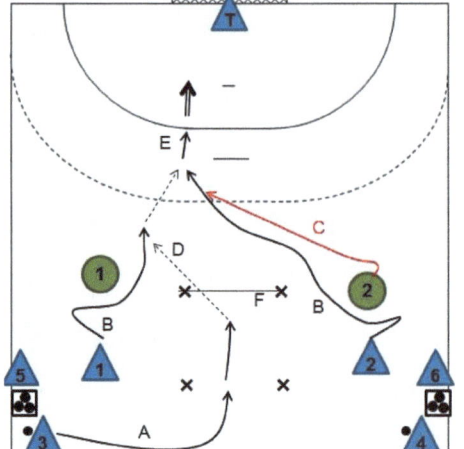

Ablauf:
- ③ startet prellend durch die ersten beiden Hütchen (A).
- ① und ② versuchen, sich für einen Pass von ③ (D) anzubieten (B).
- ① und ② decken offensiv gegen ① und ② und versuchen, ein Anspiel zu verhindern.
- ① und ② können die gesamte Spielfeldhälfte nutzen; läuft ein Spieler auf die andere Seite, wird er vom Abwehrspieler begleitet (C).
- Nach dem Pass (D) spielen ① und ② frei weiter bis zum Torwurf (E), ① und ② versuchen, einen Wurf zu verhindern.
- Erreicht ③ die beiden vorderen Hütchen (F), muss er den Ball aufnehmen und hat dann nur noch drei Sekunden Zeit, zu ① oder ② zu passen.
- Gelingt dies nicht, bleiben ① und ② im Angriff und starten eine neue Aktion mit ④ als Passgeber, ③ stellt sich wieder an.
- Gelingt ein Pass, tauscht ③ mit dem Werfer und der Werfer stellt sich wieder an.

⚠ Die Abwehrspieler regelmäßig wechseln.

⚠ Die Abwehrspieler sollen sich immer zwischen Angreifer und Tor positionieren und zunächst ein Anspiel verhindern. Sollte dennoch ein Pass zum Angreifer erfolgen, sollen sie den Angreifer am Torwurf hindern und wenn möglich, den Ball herausprellen oder einen Fehlpass erzwingen.

⚠ Je nach Leistungsstärke eventuell das Spielfeld nach außen hin begrenzen.

Nr. 31a	Begleiten eines Einläufers von außen	7	★
Benötigt:	4 Hütchen, Ballkiste mit ausreichend Bällen		

Aufbau:
- Hütchentore wie im Bild aufstellen.

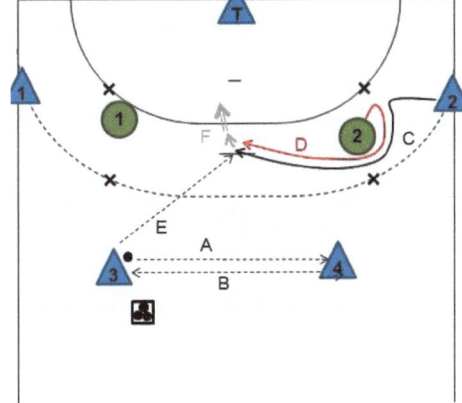

Ablauf:
- 3 und 4 passen sich fortlaufend einen Ball (A und B).
- Irgendwann während der Pässe von 3 und 4, versucht einer der beiden Außenspieler (im Bild 2), an den Kreis einzulaufen (C).
- Der Außenabwehrspieler (2) erschwert das Einlaufen und begleitet 2 (D), sodass ein Pass von 4 oder 3 (E) nicht möglich ist.
- Sollte der Pass (E) dennoch erfolgen, versucht 2, ein Drehen des Einläufers zum Kreis hin und den Wurf (F) zu verhindern.
- Nach der Aktion beginnen 3 und 4 sofort wieder mit dem Passen. 2 und 2 nehmen ihre Position wieder ein und die Übung beginnt von Neuem.

⚠ Die Abwehrspieler sollen das Einlaufen durch gutes Stellungsspiel erschweren und dann die Angreifer so begleiten, dass möglichst kein Pass gespielt werden kann.

⚠ Die Abwehrspieler sollen ihre Ausgangsposition dabei variieren (hinten am Kreis, in der Tormitte, am vorderen Hütchen).

⚠ Positionen regelmäßig wechseln.

Nr. 31b	Begleiten eines Einläufers von außen und Verhindern des Durchbruchs	7	
Benötigt:	2 Hütchen, 2 Ballkisten mit ausreichend Bällen		

Aufbau:
- Mit zwei Hütchen den Spielraum halbieren.

Ablauf:
-  läuft von außen ein (A) und versucht, hinter 1 an den Kreis zu gelangen (B).
- 1 begleitet die Bewegung von 1, verhindert das Einbrechen an den Kreis und schiebt 1 bis zu den Hütchen (C).

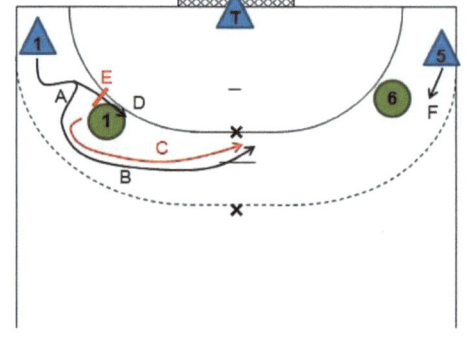

⚠ 1 muss auf jeden Fall das Einlaufen von 1 direkt am Kreis (D) verhindern, indem er den Raum zwischen sich und dem Kreis zustellt (E).

- Danach wiederholt sich der Ablauf auf der anderen Seite (F) usw.
- Nach ein paar Durchgängen die Abwehrspieler tauschen.

⚠ 1 darf die Bewegung von 1 nicht durch „Klammern" verhindern, sondern er muss ihn vor sich herschieben und mit Armarbeit das Einbrechen verhindern.

Erweiterung:
- 1 läuft von außen ein (G) und wird von 2 in der Bewegung angespielt (H).
- 1 kann jetzt versuchen, durchzubrechen und mit Wurf abzuschließen (J).
- 1 soll von hinten die Aktion verteidigen und kann dabei versuchen, den Ball abzufangen.
- Gelingt das Abfangen des Balls nicht, muss der Durchbruch verhindert werden.

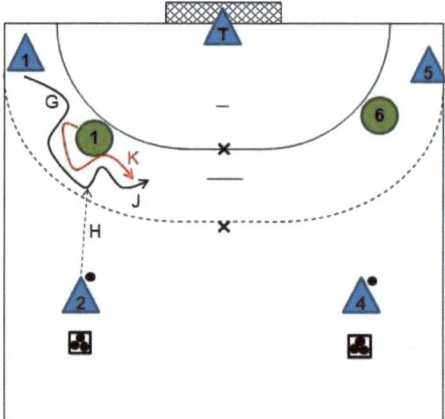

⚠ 1 soll 1 deutlich in Richtung der 9-Meter-Linie schieben. Muss 1 den 9-Meter-Raum verlassen, ist die Aktion beendet.

Nr. 32	Begleiten eines Einläufers aus dem Rückraum und Abwehr gegen zwei Kreisläufer	9	
Benötigt:	2 Hütchen, 2 Ballkisten mit ausreichend Bällen		

Aufbau:
- Mit zwei Hütchen den Spielbereich begrenzen.

Ablauf:
- 1 passt zu 2 (A).
- Nach dem Pass läuft 1 an den Kreis ein (B).
- 2 begleitet 1 und verhindert ein Anspiel (C).
- Nach dem Einlaufen von 1 passen sich 2 und 3 den Ball im Rückraum zu (D) und versuchen, einen Pass an den Kreis zu 1 oder 6 zu spielen (E).
- 1 und 2 verhindern so lange wie möglich ein Kreisanspiel, sprechen sich auch gegen Positionswechsel der beiden Kreisspieler (F) ab und übergeben/übernehmen (G) bei Bedarf.
- Nach Torabschluss oder Ballgewinn durch die Abwehr starten 2 und 3 den Ablauf erneut mit Einlaufen von 2.
- 3 steigt als Abwehrspieler gegen 2 ein, 2 bleibt Abwehrspieler am Kreis, 1 postiert sich auf der linken Seite und wird der nächste Abwehrspieler im dritten Durchlauf.

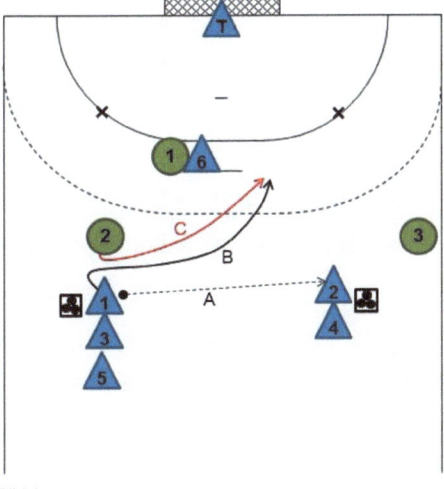

Bild 1

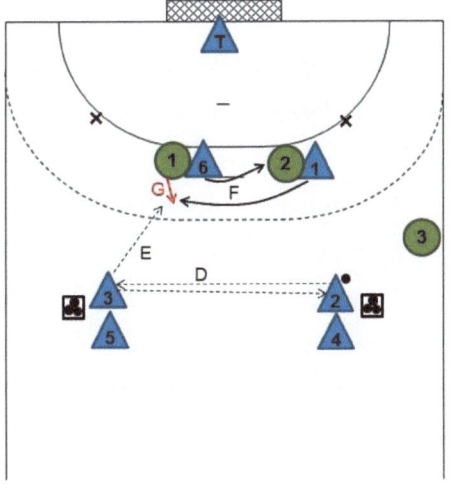

Bild 2

⚠️ Nach einigen Aktionen die Abwehrspieler tauschen.

Kategorie: Abwehr in der Kleingruppe

1. Zusammenarbeit in der Breite

Nr. 33	2gegen2 als Wettkampf	8	★
Benötigt:	12 Hütchen, 4 umgedrehte kleine Turnkisten, 2 Ballkisten mit ausreichend Bällen		

Aufbau:
- Mit Hütchen zwei Korridore markieren.
- Zielkisten und Ballkisten mit jeweils derselben Anzahl Bälle für beide Mannschaften aufstellen (siehe Bild).

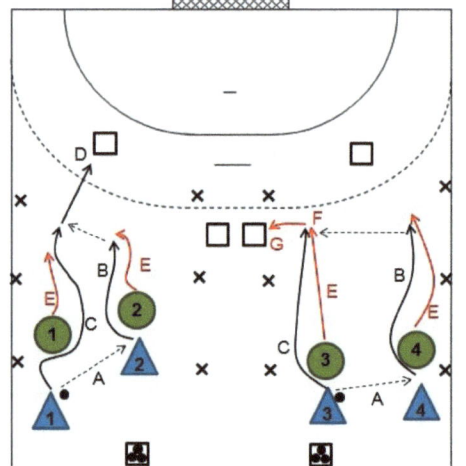

Ablauf:
- Zwei Mannschaften bilden; der Angriff im ersten Korridor bildet eine Mannschaft mit der Abwehr im zweiten Korridor.
- In beiden Korridoren wird gleichzeitig im 2gegen2 gespielt (A, B, C und E). Der Angriff hat dabei das Ziel, den Ball in der gegenüberliegenden Kiste abzulegen (D).
- Fängt oder prellt die Abwehr einen Ball heraus (F) oder macht der Angriff einen technischen Fehler, darf die Abwehr den Ball in ihrer Zielkiste ablegen (G).
- Wenn die erste Ballkiste leer ist, wird gezählt, wie viele Punkte Abwehr und Angriff erzielt haben, dann ist Aufgabenwechsel und der Ablauf beginnt von vorne.
- Welche Mannschaft erzielt mehr Punkte aus beiden Durchgängen?

⚠ Die Breite der Korridore je nach Leistungsstand variieren.

Nr. 34	Abwehr 2gegen2 im Korridor und Helfen gegen Durchbrüche	9	
Benötigt:	8 Hütchen, ausreichend Bälle		

Aufbau:
- Mit Hütchen einen Sektor markieren.

Ablauf:
- ① und ② spielen im 2gegen2 zunächst ohne Ball gegen ▲1 und ▲2.
- Der Ball kommt vom Zuspieler (▲3), der außerhalb des Sektors mit Ball anprellt (A). Gelingt ein Pass in den Sektor (B), versucht der direkt zugeordnete Abwehrspieler (①), einen Durchbruch (C) zu verhindern (D).

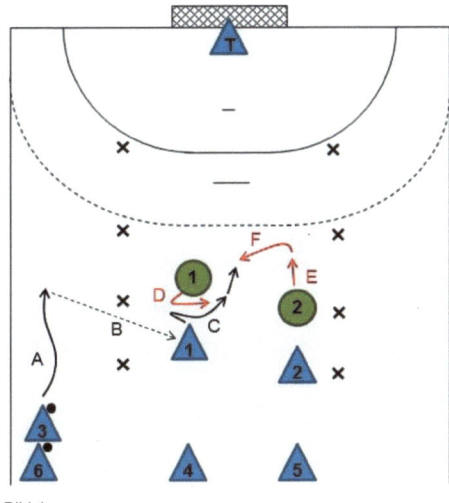

Bild 1

- Der andere Abwehrspieler (②) lässt sich auf Höhe des Balles zurückfallen (E), um im Falle eines Durchbruchs helfen zu können (F).
- Trotz des Zurücksinkens (E), muss ② auch immer den eigenen Gegenspieler im Blick behalten und sich immer zwischen Tor und Gegenspieler positionieren, um so einen Durchbruch ohne Ball zu verhindern (G – Bild 2).
- Nach einem Torwurf, Ballverlust im Angriff oder erfolgreichen Unterbinden der Angriffsaktion starten zwei neue Angreifer mit ▲6 als Zuspieler.
- Nach 10–15 Abwehraktionen die Anspieler und Abwehrspieler tauschen.

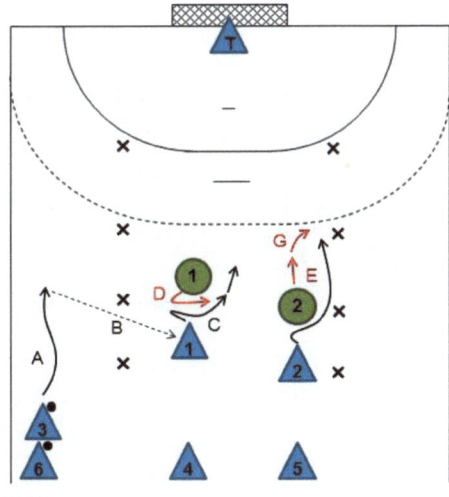

Bild 2

⚠ Die Spieler sollen sich immer zwischen direktem Gegenspieler und dem Tor positionieren, sich dabei aber so weit zurückfallen lassen, dass sie auch den Ball im Blick haben und bei Bedarf bei einem Durchbruch helfen können.

Nr. 35	Abwehr 2gegen2 im Korridor mit Übergeben und Übernehmen bei Kreuzbewegungen	10	
Benötigt:	8 Hütchen, ausreichend Bälle		

Aufbau:
- Die Spieler bilden 5er-Gruppen (weitere Spieler ergänzen den Angriff).
- Pro Gruppe wird ein Feld mit vier Hütchen begrenzt (s. Bild).

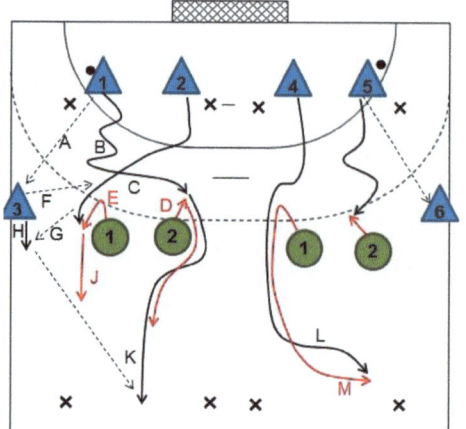

Ablauf:
- ▲1 passt als Auftakt zu ▲3 (A). Dann versuchen ▲1 und ▲2, sich im Feld freizulaufen und für einen Pass anzubieten (B).
- ●1 und ●2 versuchen, ein Anspiel zu verhindern.
- Kreuzen die Angreifer (C), sprechen sich die Abwehrspieler ab, ●2 übernimmt ▲1 (D) und ●1 orientiert sich zu ▲2 (E).
- Kann ein Pass gespielt werden (F), verhindert der Abwehrspieler einen Durchbruch und der Ball wird wieder zu ▲3 gespielt (G). ▲3 darf entlang des Feldes mitlaufen (H).
- Die Abwehrspieler begleiten die Angreifer weiter (J).
- Gelingt es dem Angriff, den Ball zu bekommen und über die hintere Linie zu laufen (K), bekommt der Angriff einen Punkt und der Ablauf startet erneut mit den nächsten Angreifern.
- Weitere Gruppen führen den Ablauf parallel durch.
- Hinterläuft ein Spieler die Abwehr (L), folgt ihm der jeweilige Abwehrspieler (M).
- Nach 10 Aktionen für die Abwehr werden die Aufgaben in der Gruppe gewechselt (neuer Anspieler, neue Abwehr).

 Die Abwehrspieler sollen sich absprechen, wann ein Übergeben und Übernehmen möglich ist und sich dann entsprechend zuordnen.

 Die Abwehrspieler müssen, um das Übergeben und Übernehmen durchführen zu können, vorab bei der Deckung der Gegenspieler auf Höhe des Balles nach hinten sinken.

Erweiterung:
- Die Angreifer dürfen auch prellen und dabei Positionswechsel durchführen (Kreuzen mit Ball). Die Abwehrspieler sollen sich auch hier absprechen und gegebenfalls übergeben und übernehmen.

Nr. 36 — Abwehr 2gegen2 im Korridor ohne und mit Ball, gegen Kreuzbewegungen und Hinterlaufen

10 ★★

Benötigt: 6 Hütchen, Ballkiste mit ausreichend Bällen

Aufbau:
- Sechs Hütchen wie abgebildet als Korridor aufstellen.
- Ballkiste für die Anspiele bereitstellen.

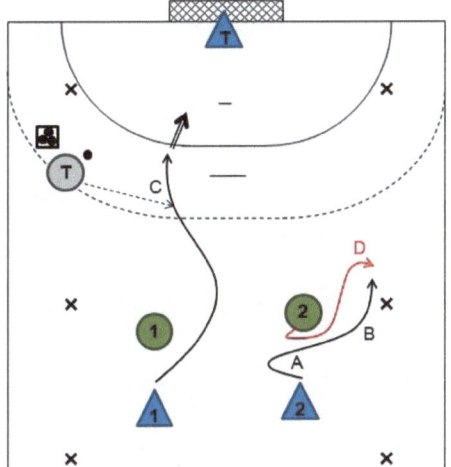

Grundablauf:
- 1 und 2 starten den Ablauf und versuchen, durch Lauftäuschungen (A und B) 1 und 2 so zu überlaufen, dass sie anspielbar sind (C) und mit Wurf abschließen können.
- 1 und 2 versuchen, das Freilaufen durch schnelle Beinarbeit und unter Armeinsatz (Stoßdämpfer (siehe unten)) (D) zu verhindern und den Abschluss zu unterbinden, bzw. soweit wie möglich hinauszuzögern.
- Wird der Ball von T gespielt und ein direkter Abschluss ist nicht möglich, sollen 1 und 2 im 2gegen2 bis zum Abschluss zusammen weiterspielen.
- Danach werden die Angreifer zu Abwehrspielern und die nächsten zwei Angreifer starten mit dem gleichen Ablauf.

Abstimmungs(grund)regel Nr. 1:
- Jeder Abwehrspieler bleibt bei seinem Angreifer, deckt ihn konsequent und verhindert das freie Anspiel.

Stoßdämpfer:
- Der Spieler wird ohne zu klammern vor sich gehalten und immer wieder mit kleinen Impulsen von sich weggedrückt, damit Abstand zum Angreifer entsteht und der Abwehrspieler sich wieder neu positionieren kann.
- Der Angreifer darf nicht gestoßen werden.

Abstimmungsregel Nr. 2 (G) (bei Kreuzbewegungen):
- Die Angreifer werden zuerst begleitet (E und F). Wenn es zur Kreuzbewegung kommt, sprechen ① und ② die Übernahme deutlich hörbar ab und übernehmen entsprechend die Angreifer (H und J).

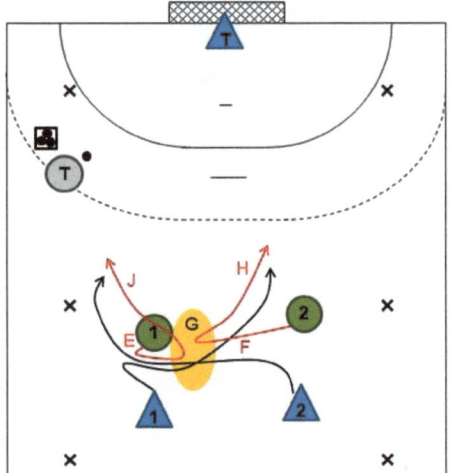

Abstimmungsregel Nr. 3 (ein Spieler bricht hinter der Abwehrreihe ein):
- Hier im Beispiel bricht ① zwischen ① und ② durch (K).
- ② geht nicht in die Kreuzbewegung, sondern hält seine Position oder läuft parallel mit (L).
- In diesem Fall bleibt ① bei ① und sichert ihn nach hinten, in Richtung des eigenen Tors ab (M).
- ① und ② müssen aber permanent miteinander kommunizieren, um den Bereich zwischen sich (N) gemeinsam absichern zu können.

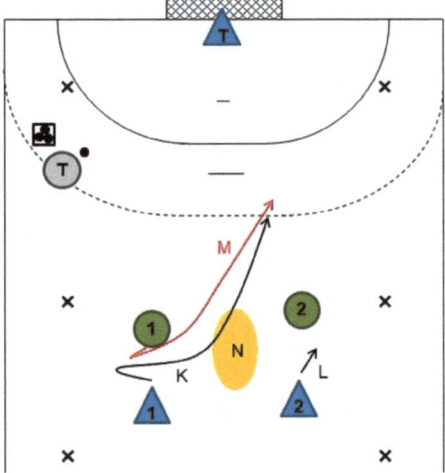

⚠ Durch die Größe des Korridors kann die Übung an das Leistungsvermögen der Angreifer und Abwehrspieler angepasst werden.

Nr. 37	2gegen2 als Überschlagspiel	12 (14)	★★
Benötigt:	4 Turnmatten, 1 Ball		

Aufbau:
- Kleine Turnmatten als Ziele auslegen (s. Bild).

Ablauf 1:

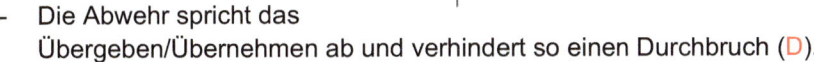

- 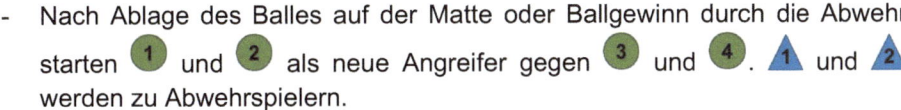 und spielen im 2gegen2 gegen und und versuchen, den Ball auf der Matte hinter und abzulegen.
- Dabei sollen die Angreifer versuchen, die Abwehr durch Kreuzbewegungen auszuspielen (A bis C).
- Die Abwehr spricht das Übergeben/Übernehmen ab und verhindert so einen Durchbruch (D).
- Nach Ablage des Balles auf der Matte oder Ballgewinn durch die Abwehr starten und als neue Angreifer gegen und . und werden zu Abwehrspielern.

Ablauf 2:
- Der Grundablauf aus Ablauf 1 bleibt erhalten.
- Zusätzlich steht den Angreifern jeweils als Anspieler zur Verfügung (E und G), sodass es auch möglich ist, den Ball zu zu passen (E), dann ohne Ball zu kreuzen (F) und den Ball im Anschluss wieder von entgegenzunehmen (G).
- Auch gegen dieses Kreuzen ohne Ball sprechen sich die Abwehrspieler ab und übergeben/übernehmen die Angreifer entsprechend.
- nach ein paar Pässen austauschen.

⚠ Die Abwehrspieler müssen sich bei Kreuzbewegungen permanent absprechen, wer wann welchen Spieler übernimmt.

⚠ Nach der Abwehraktion sollen die Abwehrspieler sofort auf Angriff umschalten und den Angriff auf die andere Seite starten.

Nr. 38	Abwehr im 3gegen3	6	★★
Benötigt:	2 dünne Turnmatten, 2 Hütchen, Markierung für die Spielfeldhalbierung		

Aufbau:
- Das Spielfeld in zwei Hälften teilen.
- Jeweils eine Turnmatte als Ziel in den Torraum legen (wie im Bild mit einigem Abstand zur Kreislinie).

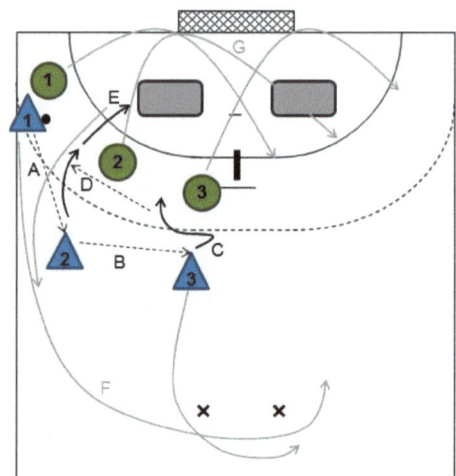

Ablauf:
- Es wird 3gegen3 gespielt, jeweils auf einer Spielfeldhälfte.
  Die Angreifer (1, 2 und 3) sollen nach Auftaktpässen (A und B) versuchen, 1gegen1 Richtung Tor zu ziehen (C), direkt oder im Parallelstoß an den Kreis durchzubrechen (D und E) und den Ball auf der Matte abzulegen.
- Die Abwehrspieler 1, 2 und 3 postieren sich zwischen Tor und Gegenspieler, verteidigen im 1gegen1 und helfen gegen Durchbrüche.
- Ist die Angriffsaktion erfolgreich und konnte der Ball abgelegt werden, bleibt die Mannschaft im Angriff, umläuft die Hütchen (F) und startet den nächsten Angriff auf der anderen Spielfeldhälfte.
- Die Abwehr berührt jeweils den Torpfosten (G) und postiert sich auf der anderen Seite.
- Können 1, 2 und 3 die Ablage des Balles verhindern, werden die Aufgaben getauscht. Die Abwehr umläuft die Hütchen (F) und spielt den nächsten Angriff, die Angreifer werden zu Abwehrspieler auf der anderen Spielfeldhälfte, nachdem sie den Torpfosten berührt haben.
- Welche Mannschaft erzielt mehr Punkte (erfolgreich abgelegter Ball)?
- In einem zweiten Durchgang werden auch Kreuzbewegungen erlaubt – die Abwehrspieler müssen sich entsprechend absprechen.

⚠ Die Spieler sollen sofort nach dem Punkt- oder Ballgewinn auf die nächste Aktion umschalten.

Variation:
- Die Angriffszeit begrenzen (20 Sekunden ab Ablage des Balles auf der Matte), Zeitablauf = Erfolg für die Abwehr.

2. Zusammenarbeit in der Tiefe

Nr. 39	Zwei Kreisläufer gegen Anspiele aus dem Rückraum abschirmen	10	★
Benötigt:	4 Schaumstoffbalken, 1 Ballkiste mit ausreichend Bällen		

Aufbau:
- Mit Schaumstoffbalken zwei Korridore markieren (s. Bild).

Ablauf:
- 3 passt zum Auftakt zu 2 (A).
- 1 versucht, sich für einen Pass (B) anzubieten.
- 1 versucht, einen Pass zu 1 zu verhindern, indem er 1 begleitet und gegen Zuspiele (D) abschirmt (C).
- 3 verhindert auf der anderen Seite (E) das diagonale Anspiel (F) zu 5.

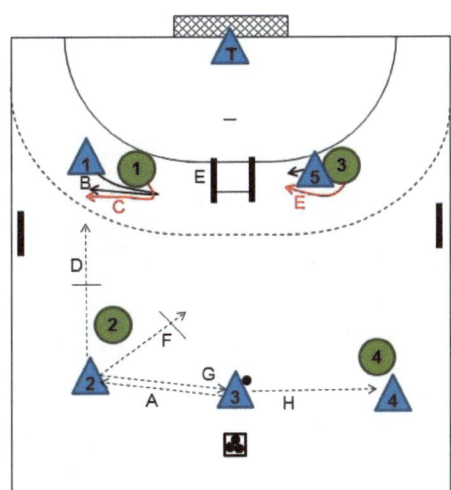

Bild 1

- Gelingt kein Pass, spielt 2 wieder zurück zu 3 (G) und 3 passt weiter zu 4 (H).
- Der Ablauf wiederholt sich auf der anderen Seite.
- 1 positioniert sich zwischen Ballhalter und 1 (K), um vor allem ein Nachlaufen von 1 (J) verhindern zu können.
- Tritt der Kreisläufer heraus (N), wird er ebenfalls begleitet (M).
- Ziel der Abwehrspieler ist es, Pässe zu den beiden Kreisläufern zu verhindern (O und P), sodass 4 zurück zu 3 passen muss.
- Gelingt ein Pass zu einem Kreisläufer (nicht im Bild), versucht der angespielte Kreisläufer, mit Wurf abzuschließen, und ein neuer Ball kommt ins Spiel.

Bild 2

- Nach 10 Pässen durch 3 zu 2 oder 4 werden die Abwehrspieler und die Kreisläufer gewechselt.

Erweiterung:
- Im Rückraum sind auch Rückpässe und direkte Pässe von 2 zu 4 und umgekehrt erlaubt, auch 3 darf an den Kreis spielen.

⚠️ 2 und 4 helfen ihren Mitspielern, indem sie versuchen, Pässe an den Kreis zu blocken.

Nr. 40	2gegen2 gegen Rückraum und Kreisläufer	7	★
Benötigt:	4 Hütchen, Ballkiste mit ausreichend Bällen		

Aufbau:
- Mit vier Hütchen den Spielbereich markieren (s. Bild).

Ablauf:
- 2 spielt zusammen mit 1 am Kreis im 2gegen2 gegen 1 und 2. 3 und 4 stehen als Anspieler für 2 zur Verfügung.
- 2 darf beliebig oft die Anspieler nutzen (A). Die Anspieler dürfen nur zu 2 zurück und nicht zu 1 an den Kreis spielen.
- Bekommt 2 den Ball, tritt 2 offensiv auf ihn heraus, bekämpft einen eventuellen Durchbruchsversuch (B) im 1gegen1 (C) und versucht zudem, Pässe an den Kreis zu verhindern bzw. zu blocken.
- 1 deckt in der Ausgangssituation gegen den Kreisläufer, begleitet ihn und schirmt ihn gegen ein Anspiel ab.
- Zwei Problemsituationen für die Abwehr können während des Spiels entstehen:
   o 2 schafft es, sich im 1gegen1 gegen 2 durchzusetzen (D). Hier muss 1 schnell die Entscheidung treffen, zu helfen (E) und seine Position beim Kreisläufer zu verlassen. 2 muss sich in diesem Fall sofort zum Kreisläufer zurücksinken lassen (F), um einen eventuellen Pass zum Kreisläufer (G) zu verhindern (s. Bild 1). 1 und 2 sollen beim Wechsel des Gegenspielers kommunizieren.

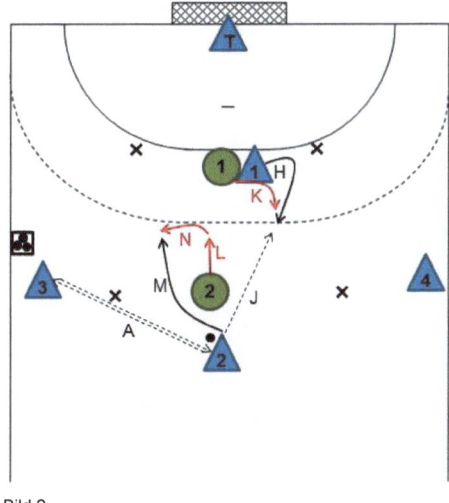

Bild 2

- o ① kann sich am Kreis freilaufen (H) und den Pass von ② erhalten (J). ① versucht nun, ① am Durchbruch in Richtung Tor zu hindern (K). ② lässt sich etwas zurückfallen (L), um weiterhin Ball und Gegenspieler beobachten zu können. Versucht nun ②, sich in Richtung Tor für einen Doppelpass anzubieten (M), muss ② immer die Position zwischen ② und dem Tor einnehmen (N) (Bild 2). Optimal zwingt die Abwehr den Kreisläufer, den Ball wieder ungefährlich in den Tiefenraum zurückzuspielen.
- Nach Abschluss des Angriffs werden ③ und ④ zu den nächsten Angreifern, zwei neue Anspieler wechseln ein.

Nr. 41	3gegen3 gegen zwei Rückraumspieler und Kreisläufer	9	★
Benötigt:	2 Hütchen, ausreichend Bälle		

Aufbau:
- Mit zwei Hütchen den Spielbereich begrenzen.

Ablauf:
- Es werden 3er-Teams gebildet (wenn es nicht aufgeht, spielt ein Spieler zweimal in der Abwehr).
- Das erste 3er-Team (1, 2 und 3) spielt zunächst 10 Angriffe in der Abwehr, wobei sich die anderen Spieler im Angriff abwechseln.
- Es wird im 3gegen3 mit Zuspielern auf beiden Seiten gespielt. Ein Spieler spielt am Kreis.

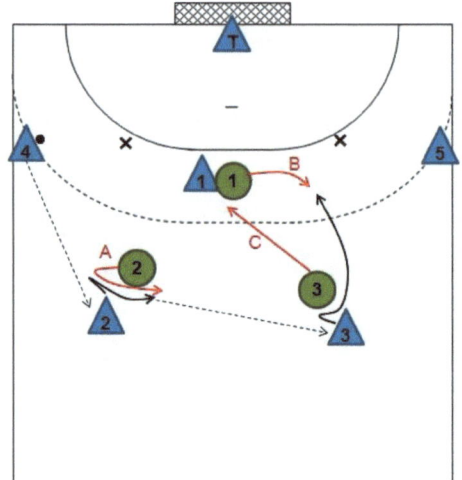

Bild 1

- 1, 2 und 3 haben zunächst eine klare Zuordnung zu den Angreifern.
- 2 und 3 treten den Rückraumspielern bei Ballerhalt entgegen, bekämpfen diese 1gegen1 und versuchen, Pässe an den Kreis zu verhindern bzw. zu blocken (A).
- Gelingt einem Rückraumspieler (hier 3) der Durchbruch, muss 1 die Entscheidung zum Aushelfen treffen (B).
- Der überlaufene Abwehrspieler (3) zieht sich sofort zurück (C) und versucht, den Pass zum Kreis zu verhindern.
- Auch 2 beobachtet Ball und Gegenspieler und kann bei Bedarf auch gegen den Kreisläufer aushelfen (nicht im Bild).

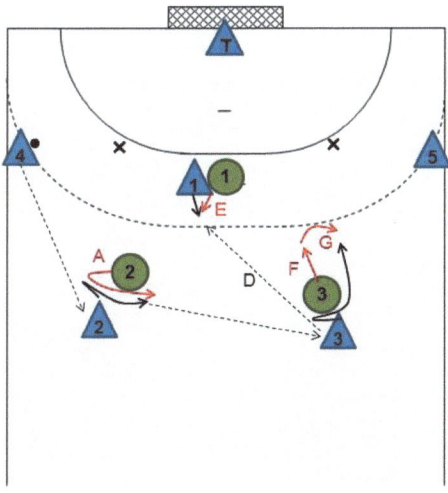

Bild 2

- Gelingt ein Pass zum Kreisläufer (D), wird der Kreisläufer möglichst am Durchbruch gehindert (E).
- Die vordere Abwehrreihe zieht sich etwas zurück (F), um weiterhin Ball und Gegenspieler zu beobachten und bei Bedarf am Kreis zu helfen.
- Gleichzeitig muss der Durchbruch ohne Ball aus dem Rückraum verhindert werden, indem die Abwehrspieler 2 und 3 immer die Position zwischen Tor und Gegenspieler beibehalten (G).
- Optimal zwingt die Abwehr den Kreisläufer, den Ball wieder ungefährlich in den Tiefenraum zurückzuspielen.
- Nach 10 Angriffen wechselt eine neue 3er-Gruppe in die Abwehr. Welche Gruppe bekommt die wenigsten Gegentore?

⚠ Die Abwehrspieler sollen miteinander kommunizieren und einen Wechsel des Gegenspielers absprechen.

Nr. 42	Abwehr gegen Rückraum und Kreisläufer im 4gegen4	9	★
Benötigt:	2 Schaumstoffbalken, 1 Ball		

Aufbau:
- Mit Schaumstoffbalken den Spielkorridor markieren (s. Bild).

Ablauf:
- Es wird im 4gegen4 gespielt.
- Alle Abwehrspieler haben zunächst eine klare Zuordnung zu den Angreifern.
- 2, 3 und 4 treten den Rückraumspielern bei Ballerhalt entgegen, bekämpfen diese 1gegen1 (A) und versuchen, Pässe an den Kreis zu verhindern bzw. zu blocken.

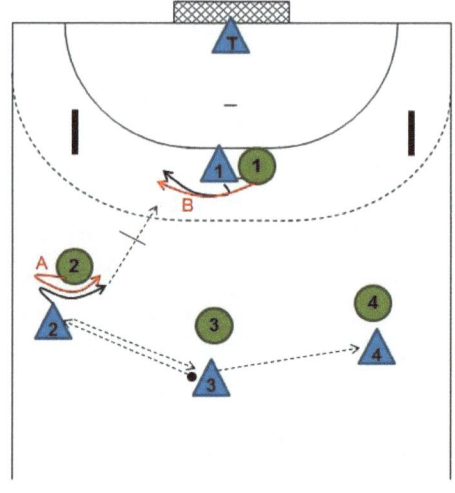

Bild 1

- 1 begleitet den Kreisläufer (B) und schirmt ihn gegen Pässe aus dem Rückraum ab.
- Gelingt einem Rückraumspieler (hier 4) der Durchbruch (C), muss 1 die Entscheidung zum Aushelfen treffen (D).
- Der überlaufene Abwehrspieler (4) zieht sich zurück (E) und versucht, den Pass zum Kreis zu verhindern.
- Gelingt ein Pass zum Kreisläufer (nicht im Bild), versucht 1 den Durchbruch zu verhindern. Die anderen Spieler verhindern ein Freilaufen ohne Ball im Rückraum. Optimal wird der Kreisläufer dazu gezwungen, den Ball wieder vor die vordere Abwehrreihe zu passen.

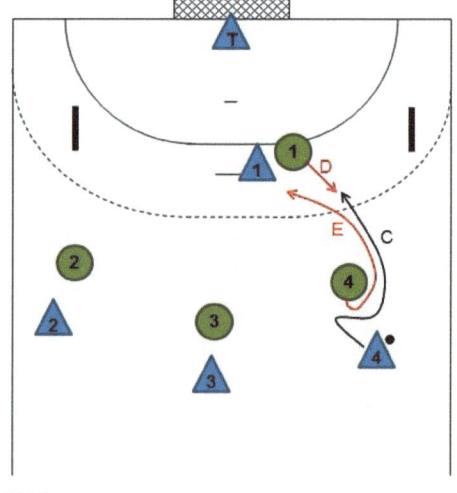

Bild 2

- Nach 10 Angriffen werden die Abwehrspieler gewechselt. Welche Abwehrreihe bekommt die wenigsten Tore?

Nr. 43a	Abschirmen in Absprache: Kreisläufer steht an der 6-Meter-Linie	7	★★
Benötigt:	2 Hütchen, 1 Ball		

Aufbau:
- Zwei Hütchen wie abgebildet für die Spielfeldmarkierung aufstellen.

⚠ Die beiden Abwehrspieler müssen sich bei der Abwehrarbeit permanent laut und deutlich hörbar absprechen.

Ablauf:
- 🔺1, 🔺2 und 🔺3 passen sich fortlaufend den Ball zu. Sie sollen dabei leicht in der Stoßbewegung arbeiten. 🔺2 ist dabei nur Anspielstation und darf den Ball nicht zu 🔺4 an den Kreis spielen.
- 🔺4 steht während des Ablaufs mittig an der 7-Meter-Linie.
- 🔺2 startet den Ablauf und passt den Ball zu 🔺1 (A).
- 🟢1 tritt der Bewegung von 🔺1 etwas entgegen (B) und 🟢2 stellt sich seitlich neben 🔺4 (C) und schirmt ihn gegen ein Anspiel von 🔺1 ab, indem er mit der Hand um 🔺4 herum greift (siehe Bild 3).
- 🔺1 passt den Ball wieder zurück zu 🔺2 (D).
- Mit dem Pass sinkt 🟢1 sofort nach hinten Richtung 🔺4 (E) und 🟢2 geht seitlich etwas nach rechts (F).
- 🔺2 passt den Ball weiter zu 🔺3 (G). Mit dem Pass:
  - Stellt sich 🟢1 zu 🔺4, sodass ein Pass von 🔺3 nicht möglich ist (H);
  - 🟢2 tritt der Bewegung von 🔺3 etwas entgegen (J).

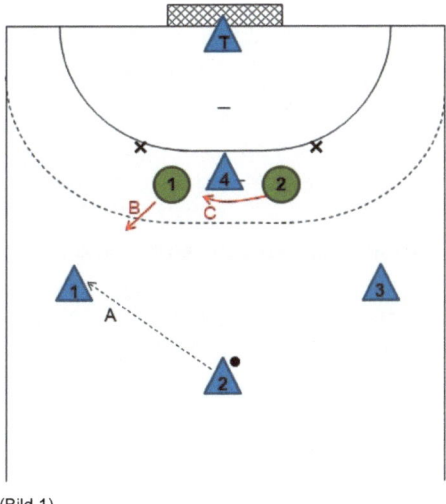
(Bild 1)

(Bild 2)

- Ist ein Anspiel von ▲1 oder ▲3 zu ▲4 möglich (K), dürfen sie versuchen, ▲4 anzuspielen und ▲4 versucht, mit Wurf abzuschließen.

⚠ Die Angreifer sollen zu Beginn nur von Position zu Position weiterspielen. Im späteren Ablauf kann ▲2 dann entscheiden, ob er auch einen Rückpass spielt.

- Nach ein paar Durchgängen werden die Abwehrspieler getauscht. Welche beiden Spieler schaffen es, die wenigsten Pässe an den Kreis zuzulassen?

Die Abschirmposition (siehe Bild 3):
- Die Spieler sollen sich seitlich zum Kreisläufer stellen und mit dem Arm nach vorne einen Pass abschirmen.

(Bild 3)

Nr. 43b	Abschirmen in Absprache: Kreisläufer steht offensiv zwischen der 7- und 9-Meter-Linie	7	★★
Benötigt:	2 Hütchen, 1 Ball		

Aufbau:
- Zwei Hütchen wie abgebildet für die Spielfeldmarkierung aufstellen.

Ablauf:
- ① tritt dem Ballhalter entgegen.
- ② schiebt ④ so weit wie möglich vor die 9-Meter-Linie (L).

⚠️ ② darf ④ beim Rausschieben nicht schubsen oder stoßen.

- Wenn der Ball über ② zu ③ gepasst wird (D und G):
  - Sinkt ① sofort nach hinten, hinter ④ (M);
  - ② tritt der Bewegung von ③ etwas entgegen (N).
- ① arbeitet ebenfalls gegen ④, sodass ④ so weit wie möglich vom 6-Meter-Kreis weggedrückt wird (L) und ① zwischen ④ und dem 6-Meter-Kreis steht.

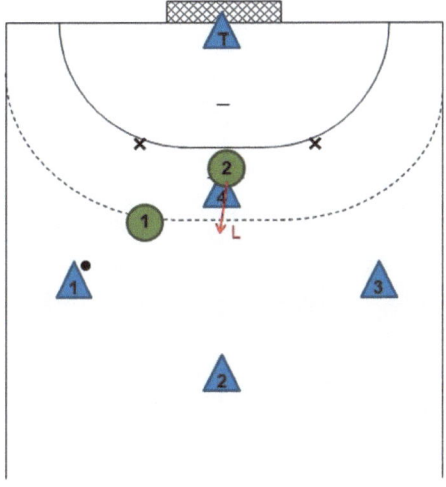
Bild 1

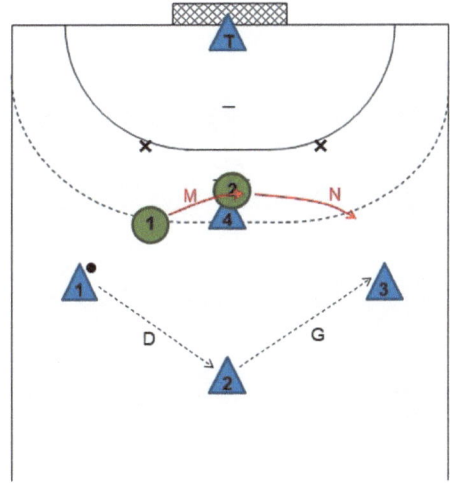
Bild 2

| Nr.43c | Abschirmen in Absprache: Kreisläufer steht auf der Ballseite | 7 | ★★ |

Benötigt: 2 Hütchen, 1 Ball

Aufbau:
- Zwei Hütchen wie abgebildet für die Spielfeldmarkierung aufstellen.

Ablauf:
- ① tritt dem Ballhalter entgegen.
- ② schirmt seitlich zu ④ stehend ein Anspiel ab (siehe Bild 3 Übung 43a).
- Wenn der Ball über ② zu ③ gepasst wird (D und G):
  - Sinkt ① sofort nach hinten und stellt sich vor ④ (O);
  - ② tritt der Bewegung von ③ etwas entgegen (P).

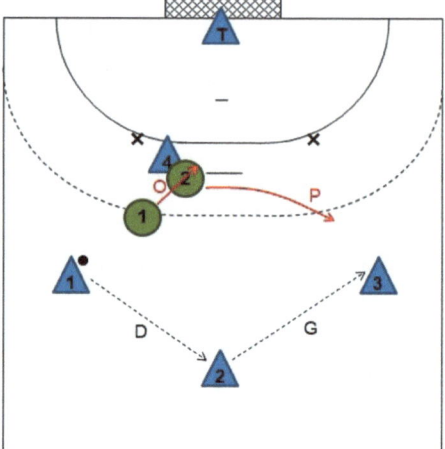

Nr. 43d	Abschirmen in Absprache: Kreisläufer steht auf der Ballgegenseite	7	★★
Benötigt:	2 Hütchen, 1 Ball		

Aufbau:
- Zwei Hütchen wie abgebildet für die Spielfeldmarkierung aufstellen.

Ablauf:

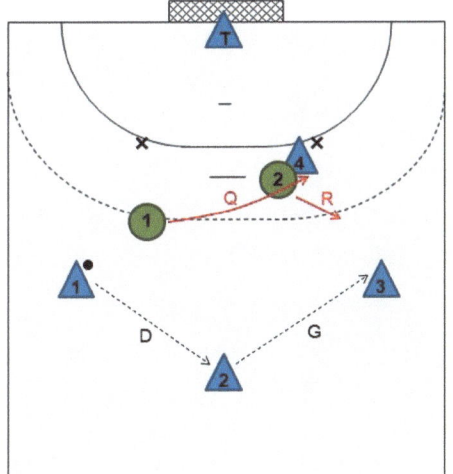

- ① tritt dem Ballhalter entgegen.
- ② steht seitlich vor ④ (zwischen ① und ④), sodass ein direktes Anspiel nicht möglich ist.

⚠ ② muss dabei permanent mit einer Hand Kontakt zu ④ haben, damit er immer mitbekommt, wenn sich ④ wegbewegt.

- Wenn der Ball über ② zu ③ gepasst wird (D und G):
  - Sinkt ① sofort nach hinten, stellt sich seitlich neben ④ (Q) und schirmt den Pass von ③ ab;
  - ② tritt der Bewegung von ③ etwas entgegen (R).

⚠ Hier haben ① und ② jeweils einen weiten Laufweg. Sie müssen die ganze Zeit intensiv das Passverhalten der Angreifer beobachten und versuchen, frühzeitig in die nächste Aktion (Übergabe von ④) zu starten.

Nr. 43e	Abschirmen in Absprache: Bei einem Sperrversuch des Kreisläufers	7	★★
Benötigt:	2 Hütchen, 1 Ball		

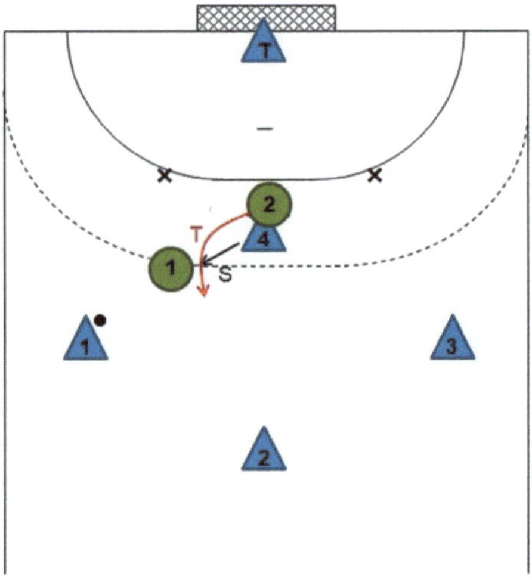

Aufbau:
- Zwei Hütchen wie abgebildet für die Spielfeldmarkierung aufstellen.

Ablauf:
- ① tritt dem Ballhalter entgegen.
- ④ läuft nach vorne und versucht bei ① eine Sperrstellung:
  - ② verfolgt ④ und schiebt ④ aus der Sperrstellung heraus deutlich vor die 9-Meter-Linie (T), sodass eine 2gegen2-Situation entsteht und ① und ② die neue Situation absprechen können, je nachdem, ob ① in der Folge nach außen oder nach innen wegzieht (U).

Gesamtablauf:
- Die oben beschriebenen Bewegungen von ④ werden als Einzelübungen (43a–43e) ausreichend lang im Wechsel von beiden Seiten absolviert.
- Zum Abschluss darf ④ sich beliebig im Raum zwischen der 6- und 9-Meter-Linie bewegen und die beiden Abwehrspieler müssen ihr Abwehrverhalten danach ausrichten.
- ① und ③ dürfen dabei auch immer versuchen, ④ direkt anzuspielen, wenn das Abschirmen durch ① und ② nicht korrekt erfolgt.
- Gelingt ④ ein erfolgreicher Torabschluss, müssen ① und ② z. B. 10 schnelle Hampelmannbewegungen absolvieren.

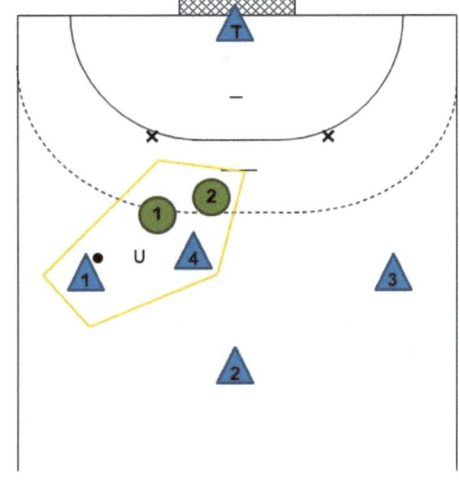

Bild 1

Bild 2

Kategorie: Abwehr im Team und offensive Abwehrkooperationen

1. Offensive Manndeckung mit Sinken auf Ballhöhe

Nr. 44	Helfen gegen Durchbrüche im 3gegen3	7	★
Benötigt:	6 Hütchen, ausreichend Bälle		

Aufbau:
- Mit Hütchen den Angriffskorridor markieren (s. Bild).

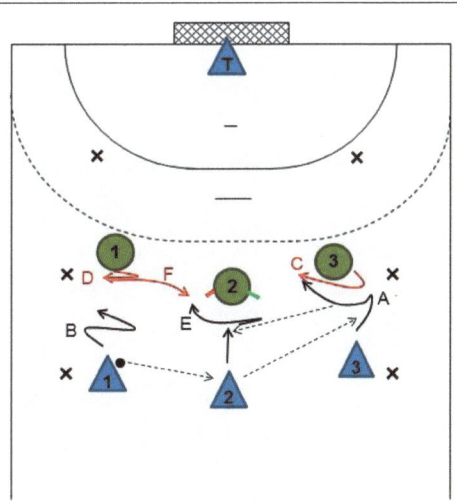

Ablauf:
- 1, 2 und 3 spielen im 3gegen3 gegen 1, 2 und 3, wobei 2 eingeschränkt ist (durch Schaumstoffbalken oder Leibchen unter den Armen).
- Die Angreifer sollen nicht kreuzen oder einlaufen, sondern versuchen, durch 1gegen1-Aktionen mit (B) und ohne Ball (A) durchzubrechen.
- Die Abwehrspieler verhindern die Durchbrüche (C und D).
- Da 2 eingeschränkt ist, soll vor allem 2 versuchen, 1gegen1 mit Ball durchzubrechen (E).
- 1 und 3 sollen immer neben dem eigenen Gegenspieler auch den Ballhalter beobachten und dann entscheiden, wann sie gegen einen Durchbruch von 2 helfen müssen (F).
- Nach Wurf oder Ballverlust starten die nächsten drei Angreifer.
- Nach einigen Aktionen die Abwehrspieler austauschen.

⚠ Die Spieler sollen ein Gefühl für das Timing in der Hilfeaktion bekommen, sodass sie den Durchbruch und möglichst auch ein Weiterspielen verhindern können.

⚠ Jeder Spieler sollte mindestens einmal auf einer äußeren Abwehrposition gespielt haben.

Nr. 45	Abwehren und Sinken auf Ballhöhe	9	★
Benötigt:	8 Hütchen, ausreichend Bälle		

Aufbau:
- Mit Hütchen einen Sektor markieren.

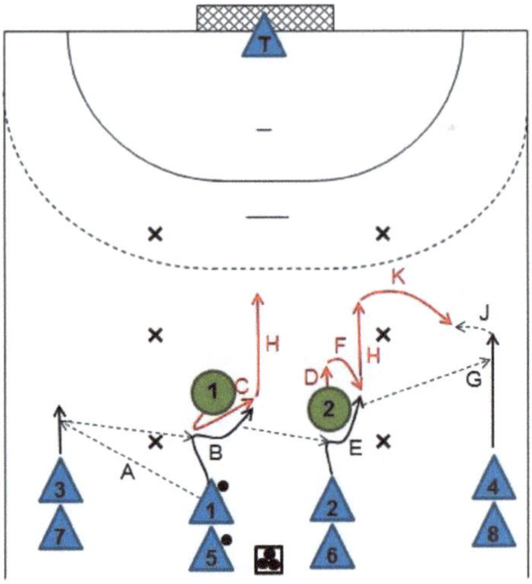

Ablauf:
- 1 und 2 spielen im 2gegen2 gegen 1 und 2.
- 3 und 4 dienen als Anspieler (A).
- 1 und 2 verteidigen den Ballhalter bei 1gegen1-Aktionen (B) und verhindern Durchbrüche (C).
- Dabei lassen sich 1 und 2 auf Ballhöhe zurückfallen (D), um gegen einen eventuellen Durchbruch helfen zu können. Kommt der eigene Gegenspieler in Ballbesitz (E), wird er sofort wieder 1gegen1 bekämpft (F).
- Auch bei einem Pass zu einem der Zuspieler (G) sinken die Abwehrspieler auf Ballhöhe (H).
- Neben einem erneuten Pass in den Spielkorridor können die Zuspieler auch überraschend den Ball fallen lassen (J).
- In diesem Fall soll der näherstehende Abwehrspieler sofort aus dem Korridor herauslaufen und den Ball sichern (K).
- Gelingt ein Durchbruch, wird mit Wurf abgeschlossen.
- Nach Wurf oder Ballgewinn in der Abwehr starten die nächsten vier Angreifer.
- Im nächsten Durchgang werden 3 und 4 Angreifer im Korridor, 1 und 2 spielen an.

Bild 1

⚠ Die Abwehrspieler regelmäßig wechseln.

⚠ Die Abwehrspieler müssen immer Ball und Gegenspieler beobachten, um den Durchbruch des eigenen Gegenspielers zu verhindern, aber auch um zu helfen oder einen fallengelassenen Ball zu sichern.

Nr. 46	3gegen3 und Manndeckung mit Sinken auf Ballhöhe	7	⭐
Benötigt:	8 Hütchen, 1 Ball		

Aufbau:
- Mit Hütchen einen Sektor markieren.

Ablauf:

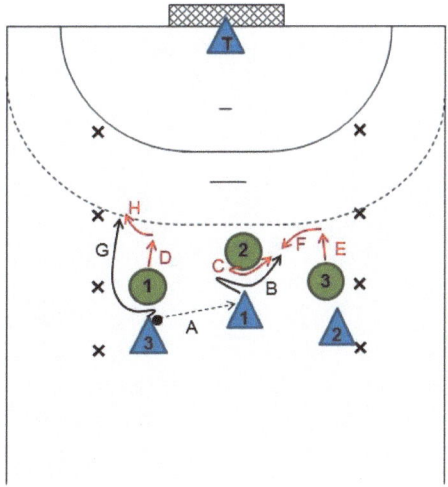

- 🔺1, 🔺2 und 🔺3 spielen im 3gegen3 gegen 🟢1, 🟢2 und 🟢3.
- Die Abwehrspieler positionieren sich dabei immer zwischen direktem Gegenspieler und Tor, lassen sich aber so weit zurückfallen, dass sie auch den Ballhalter im Blick haben.
- Bekommt der direkte Gegenspieler den Ball (A), wird er im 1gegen1 bekämpft und ein Durchbruch (B) wird verhindert (C).
- Die anderen Abwehrspieler sinken auf Ballhöhe zurück (D und E) und helfen bei einem Durchbruch (F).
- Gleichzeitig wird der direkte Gegenspieler beobachtet und beim Laufen ohne Ball begleitet. Der Abwehrspieler hält die Position zwischen Gegenspieler und Tor (H).
- Nach Torwurf, Ballgewinn in der Abwehr oder Unterbrechen der Angriffsaktion starten die nächsten Angreifer.
- Nach 10–15 Aktionen die Abwehrspieler tauschen.

⚠️ Die Spieler sollen sich immer zwischen direktem Gegenspieler und dem Tor positionieren, sich dabei aber so weit zurückfallen lassen, dass sie auch den Ball im Blick haben und bei Bedarf bei einem Durchbruch helfen können.

Nr. 47 — Manndeckung im 5gegen5 mit Sinken auf Ballhöhe — 11

Benötigt: 1 Ball

Ablauf:
- Zwei Mannschaften spielen im 5gegen5 gegeneinander.
- Die abwehrende Mannschaft spielt eine Manndeckung ab der seitlichen Auswechselmarke nach hinten.
- Dabei lassen sich die Abwehrspieler immer mindestens auf Ballhöhe zurückfallen, sodass sie Ball und Gegenspieler gleichzeitig im Auge haben.
- Läuft der eigene Gegenspieler näher in Richtung Tor (A), wird er begleitet (B).
- Schafft ein Spieler den Durchbruch mit Ball, helfen die benachbarten Spieler gegen den Durchbruch (C).

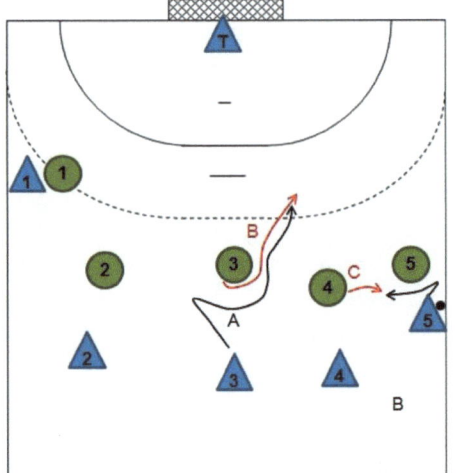

Gesamtablauf:
- Die angreifende Mannschaft spielt 10 Angriffe, dann ist Aufgabenwechsel.
- Ein Tor gibt einen Punkt für den Angriff. Wird der Ball herausgefangen oder begeht der Angriff einen technischen Fehler, wird ein Punkt abgezogen. Ein Fehlwurf bringt keine Punkte.
- Welche Mannschaft hat am Ende mehr Punkte?

Nr. 48	Manndeckung im 6gegen6 mit Sinken auf Ballhöhe	13	★
Benötigt:	1 Ball		

Ablauf:

- Zwei Mannschaften spielen im 6gegen6 gegeneinander.
- Die abwehrende Mannschaft spielt eine Manndeckung mit folgenden Regeln:
- Läuft ein Spieler ohne Ball in Richtung Tor (A), wird er vom direkten Gegenspieler begleitet (B).
- Der Spieler mit Ball (C) wird im 1gegen1 verteidigt (D).
- Alle Spieler lassen sich immer so weit zurückfallen (E), dass sie Ball und Gegenspieler beobachten und bei Bedarf gegen Durchbrüche helfen können.
- ⑥ schirmt den Kreisläufer gegen Anspiele ab (F).
- Bricht ein Angreifer durch (G), muss ⑥ am Kreis aushelfen (H). Die anderen Spieler sinken zurück (J), schirmen einen Pass zum Kreisläufer ab und verhindern zudem den Durchbruch eines Rückraumspielers ohne Ball (K).

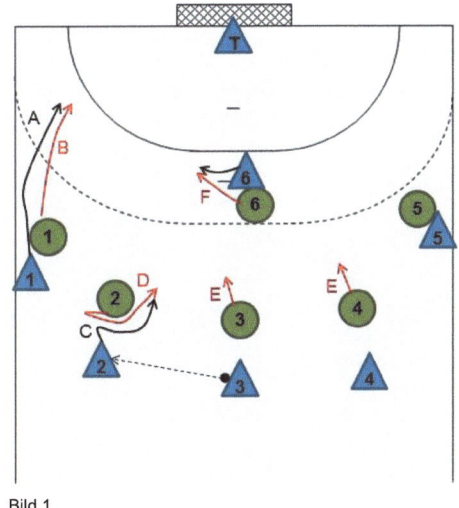

Bild 1

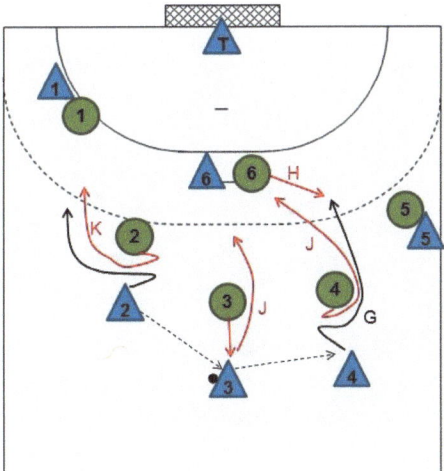

Bild 2

Gesamtablauf:

- Die angreifende Mannschaft spielt 10 Angriffe, dann ist Aufgabenwechsel.
- Welche Mannschaft bekommt die wenigsten Tore?

2. Verteidigen in der 1:5-Abwehr

Nr. 49	1gg1 und Kreisabwehr in der 1:5-Abwehr	10	★★
Benötigt:	4 Hütchen, Ballkiste mit ausreichend Bällen		

Aufbau:
- Mit vier Hütchen zwei Korridore begrenzen (s. Bild).

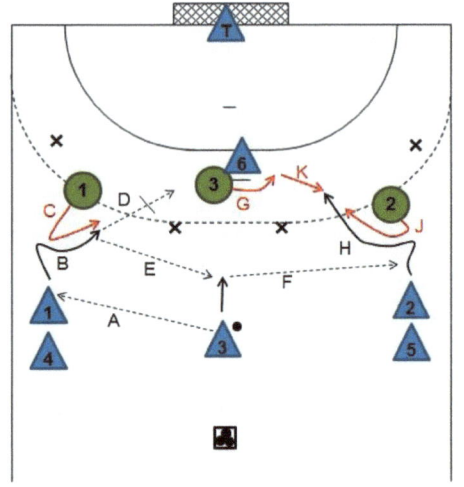

Ablauf:
- 3 bringt den Ball ins Spiel und passt zu 1 (A).
- 1 versucht, mit Ball prellend an den Kreis durchzubrechen (B).
- 1 tritt 1 aktiv entgegen, nimmt Kontakt auf und verhindert den Durchbruch (C).
- 3 deckt den Pass zum Kreis ab (D).
- Kann 1 nicht durchbrechen, passt er zurück zu 3 (E), und der Ablauf wiederholt sich auf der anderen Seite (F, H und J).
- 3 umläuft den Kreisläufer, um den Pass zum Kreis wieder zu verhindern (G).
- Gelingt einem Spieler der Durchbruch (H), hilft 3 aus (K) und verhindert den Durchbruch.

⚠️ 3 soll den Moment erkennen, in dem er bei einem Durchbruch aushelfen muss, dann mit einer entschiedenen Aktion den Angreifer fair stoppen und dabei den Ball so attackieren, dass auch ein Pass zum Kreis erschwert wird (G und K).

Nr. 50	1:5-Abwehr: Kleingruppe Halb und Außen und Bälle abfangen auf der Mitte	10	★★
Benötigt:	2 Pommes (Schaumstoffbalken), Ballkiste mit ausreichend Bällen		

Aufbau:
- Mit Schaumstoffbalken einen Korridor in der Mitte abstecken (siehe Bild).

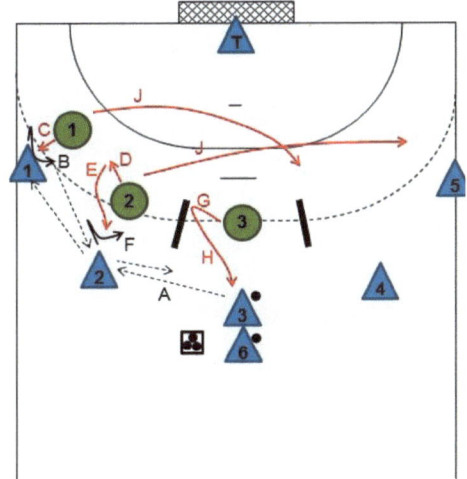

Ablauf:
- 🔺1 und 🔺2 spielen nach Auftaktpass von 🔺3 (A) im 2gegen2 gegen 🟢1 und 🟢2.
- 🔺1 und 🔺2 versuchen jeweils, im 1gegen1 an den 6-Meter-Kreis durchzubrechen (B und F).
- 🟢1 und 🟢2 treten der 1gegen1-Aktion ihres jeweiligen Gegenspielers aktiv entgegen (C und E) und lassen sich dann etwas zurückfallen, wenn der eigene Gegenspieler nicht in Ballbesitz ist (D), um dem Mitspieler helfen zu können.
- Kommt 🔺2 in Ballbesitz, lässt sich 🟢3 etwas in die Hilfeposition zurückfallen (G).
- Sobald 🔺2 prellt oder den Ball aufnimmt und offensichtlich nicht durchbrechen kann, geht 🟢3 nach vorne und stellt den Pass zu 🔺3 zu (H).
- Danach laufen 🔺1 und 🔺2 auf die andere Seite (J) und der Ablauf startet erneut mit 🔺6, 🔺4 und 🔺5.

⚠️ 🟢1 und 🟢2 sollen den Angreifer aktiv bekämpfen und am Durchbruch hindern bzw. den Ball herausprellen, wenn der Angreifer prellt. Läuft der Ball weiter, lassen sie sich etwas zurückfallen, um im Notfall helfen zu können.

⚠️ 🟢3 soll erkennen, wann 🔺2 seine Aktion beendet und dann den Pass zur Mitte erschweren bzw. unterbinden (H).

Nr. 51a	1:5-Abwehr 4gg4	9	★★
Benötigt:	2 Hütchen, Ballkiste mit ausreichend Bällen		

Aufbau:
- Mit zwei Hütchen den Spielbereich begrenzen.

Ablauf:
- ③ bringt den Ball ins Spiel und passt zu ▲1 (A).
- ▲1 versucht, mit Ball prellend an den Kreis durchzubrechen (B).
- ① tritt ▲1 aktiv entgegen, nimmt Kontakt auf und verhindert den Durchbruch (C).
- ④ verhindert einen Pass zum Kreisläufer und sichert gegen einen Durchbruch ab.
- Sobald ▲1 den Durchbruchsversuch abbricht, tritt ③ offensiv auf ▲3 heraus (D) und verhindert ein Anspiel (E).
- Spielt ▲1 den langen Pass zu ▲2 (F), attackiert ② diesen Pass und versucht, den Ball anzufangen (G).
- ④ umläuft den Kreis (H) und sichert gegen ein Anspiel.
- Sollte ② den Ball nicht abfangen können, attackiert er ▲2 und verhindert einen Durchbruch.
- Gelingt einem Spieler der Durchbruch (J), hilft ④ aus (K), verhindert den Durchbruch und attackiert den Ball so, dass möglichst auch ein Pass zum Kreis erschwert wird.
- Nach Abschluss oder Ballgewinn starten die nächsten vier Spieler im Angriff.
- Nach einigen Aktionen die Abwehrspieler wechseln.

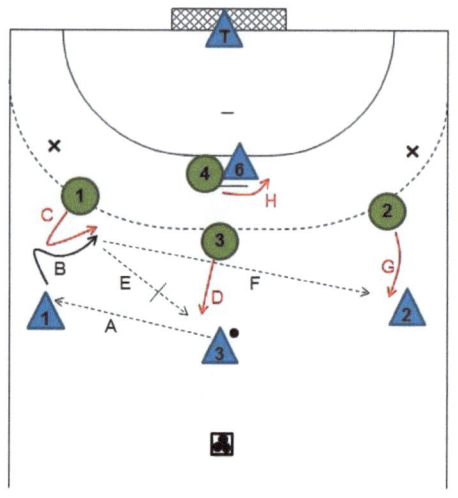

Bild 1

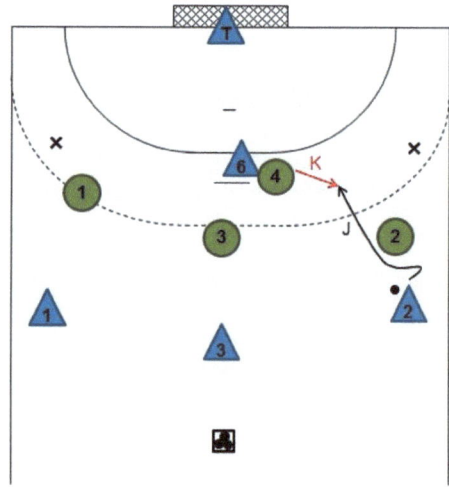

Bild 2

⚠ Die Spieler sollen wachsam die nächsten Schritte der Angreifer beobachten und darauf sofort dynamisch reagieren.

Nr. 51b	1:5-Abwehr 6gegen6	13	★★
Benötigt:	Ballkiste mit ausreichend Bällen		

Ablauf:

- Es wird frei im 6gegen6 gespielt.
- Die Abwehr spielt dabei offensiv in der 1:5-Abwehr.
- Die Abwehrspieler 2, 3 und 4 nehmen bei Ballbesitz des direkten Gegenspielers Körperkontakt auf und verhindern einen Durchbruch (A).
- Bricht ein Rückraumspieler seinen Durchbruchversuch ab, tritt der benachbarte Abwehrspieler heraus (B) und provoziert einen langen Pass.
- Lange Pässe können direkt attackiert werden (C).
- Der Abwehrspieler hinten Mitte (6) deckt den Kreisläufer so ab, dass Anspiele nicht möglich sind (D).
- Gelingt der Durchbruch eines Rückraumspielers, hilft 6 aus (E) und verhindert den Durchbruch und möglichst auch das Kreisanspiel.
- Der Angriff spielt 10 Angriffe, danach ist Aufgabenwechsel. Welche Abwehrreihe verhindert mehr Tore?

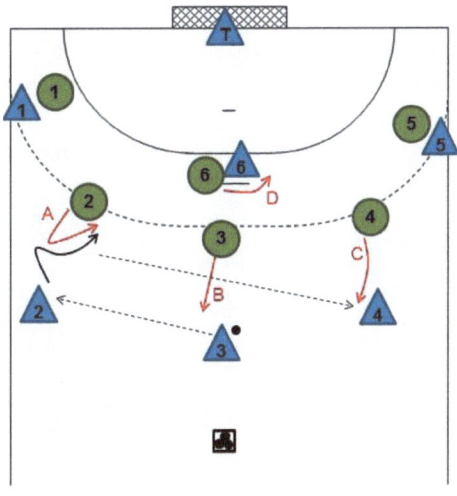

Bild 1

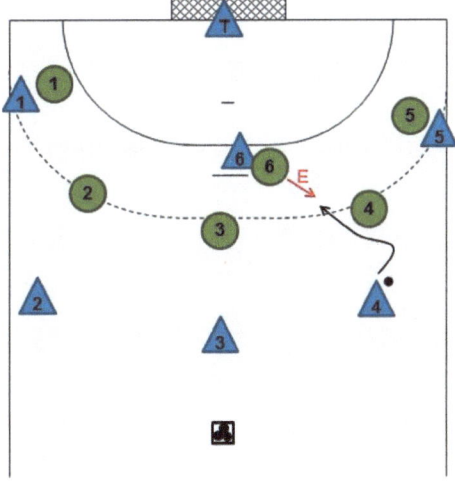

Bild 2

Variation:

- Zunächst sind Positionswechsel im Rückraum nicht erlaubt.
- In einer zweiten Runde eventuell Positionswechsel erlauben.
- Jeder Abwehrspieler deckt innerhalb seines Korridors.
- Bei einem Positionswechsel vor der Abwehr werden die Spieler übergeben, ein Einläufer wird dagegen begleitet.

Nr. 52a	Abwehr gegen Einläufer von außen	12	★★
Benötigt:	2 Hütchen, Ballkiste mit ausreichend Bällen		

Aufbau:
- Mit Hütchen die Wurfzone begrenzen.

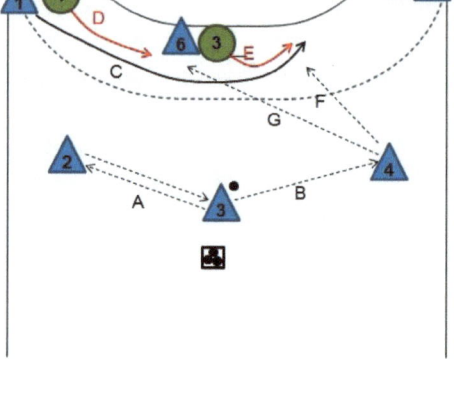

Ablauf:
- Der Ball wird im Rückraum zwischen 2, 3 und 4 gepasst (A und B).
- Irgendwann läuft 1 an den Kreis ein (C).
- 1 begleitet 1, sodass er keinen Pass bekommen kann (D), und spricht sich je nach Laufweg von 1 und Stellung von 6 am Kreis mit 3 ab, wer den Einläufer und wer den Kreisläufer übernimmt (E).
- Die Rückraumspieler versuchen, entweder den Einläufer (F) oder den Kreisläufer (G) anzuspielen.
- Nach einem Passversuch nimmt 3 einen neuen Ball aus der Ballkiste und der Ablauf startet erneut mit Einlaufen von 5 und Abwehr durch 2.
- 1 und 1 stellen sich auf der anderen Seite wieder an und wechseln dabei die Aufgaben (Abwehr/Angriff).

⚠ Die Außenabwehrspieler begleiten den Einläufer und nehmen Körperkontakt auf, sodass der Einläufer nicht ungehindert an den Kreis laufen kann.

⚠ Die Abwehrspieler sprechen sich nach dem Übergang ab, wer den Einläufer und wer den Kreisläufer übernimmt.

Nr. 52b	Das Einlaufen eines Halbspielers durch Begleiten und Übergabe verteidigen	9	
Benötigt:	2 Hütchen, Ballkiste mit ausreichend Bällen		

Aufbau:
- Mit zwei Hütchen den Spielbereich begrenzen.

Ablauf:
- Es wird 4gegen4 gespielt.
- Der Angriff hat die Vorgabe, ohne Ball an den Kreis einzulaufen, es ist aber auch erlaubt, im 1gegen1 den Durchbruch zu versuchen.
- Jeder Abwehrspieler deckt zunächst in seinem Korridor und verteidigt (B) gegen 1gegen1-Durchbruchversuche (A) des Angreifers.
- Läuft ein Angreifer an den Kreis ein (C), wird er vom jeweiligen Abwehrspieler begleitet (D).
- Die verbleibenden Abwehrspieler der vorderen Abwehrreihe (1 und 3) ordnen sich weiter den jeweiligen Gegenspielern zu (F) und verhindern Durchbrüche.
- Die beiden Abwehrspieler am Kreis (2 und 4) verhindern Pässe an den Kreis, sprechen sich bei Positionswechseln (G und H) ab und übergeben/übernehmen (J) entsprechend.
- Zudem müssen 2 und 4 bei Durchbrüchen helfen (nicht im Bild).

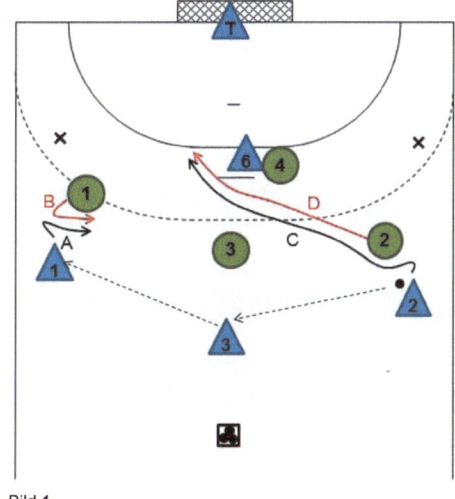

Bild 1

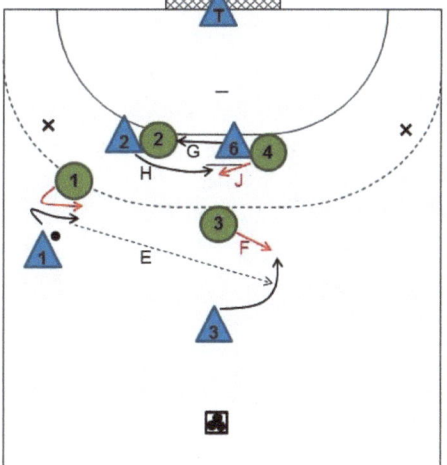

Bild 2

⚠️ Die Abwehrspieler regelmäßig wechseln.

Nr. 52c	1:5-Abwehr im 6gegen6	13	★★
Benötigt:	Ballkiste mit ausreichend Bällen		

Ablauf:

- Es wird frei im 6gegen6 gespielt.
- Die Abwehr deckt offensiv in der 1:5-Abwehrformation.
- Die Spieler der vorderen Abwehrreihe (2, 3 und 4) nehmen bei Ballbesitz des direkten Gegenspielers Körperkontakt auf und verhindern einen Durchbruch (B) im 1gegen1 (A).
- Kreuzen zwei Angreifer (mit oder ohne Ball) vor der Abwehr (C), sprechen sich die Abwehrspieler ab und übergeben/übernehmen entsprechend (D und E).
- Läuft ein Außenspieler ein (F), wird er von seinem Gegenspieler an den Kreis begleitet (G).
- Ebenso wird ein Rückraumspieler, der an den Kreis einläuft (H), von seinem Gegenspieler an den Kreis begleitet (J).
- Nach einem Übergang auf zwei Kreisläufer sprechen sich die Abwehrspieler am Kreis ab und übergeben/übernehmen bei Positionswechseln am Kreis.

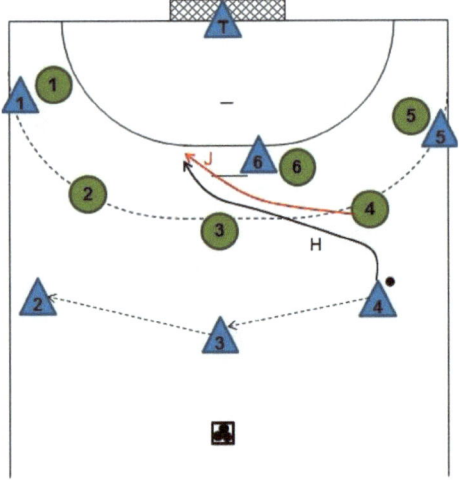

Gesamtablauf:

- Der Angriff spielt 10 Angriffe.
- Bei einem Tor erhält der Angriff einen Punkt; bei einem direkten Ballgewinn durch die Abwehr (Herausfangen des Balles) wird dem Angriff ein Punkt abgezogen; bei einem Fehlwurf oder technischen Fehler werden keine Punkte vergeben.
- Nach 10 Angriffen werden die Aufgaben getauscht.
- Welches Team hat am Ende mehr Punkte?

3. Verteidigen in der 3:3-Abwehr

Nr. 53	3gegen3 im Korridor gegen Positionswechsel im Angriff	10	★★
Benötigt:	4 Hütchen, Ballkiste mit ausreichend Bällen		

Aufbau:
- Mit Hütchen das Spielfeld eingrenzen (s. Bild).

Ablauf:
- 1, 2 und 3 spielen im 3gegen3 gegen drei Abwehrspieler 1, 2 und 3.
- 1, 2 und 3 decken offensiv vor der 9-Meter-Linie.
- Die Angreifer sollen versuchen, die Abwehr durch Positionswechsel auszuspielen:
  - Entweder, indem ein Spieler nach Auftaktpässen (A und B) hinter dem Ballhalter (C) kreuzt (D) (siehe Bild 1).
  - Oder, indem zwei Spieler ohne Ball die Position tauschen (H), während der dritte Spieler den Ball hält (G) (siehe Bild 2).
- Die Abwehrspieler sprechen sich ab und übergeben und übernehmen (E, F bzw. J und K) die Angreifer entsprechend.
- Nach Torabschluss oder Ballverlust ist die nächste 3er-Gruppe im Angriff an der Reihe.

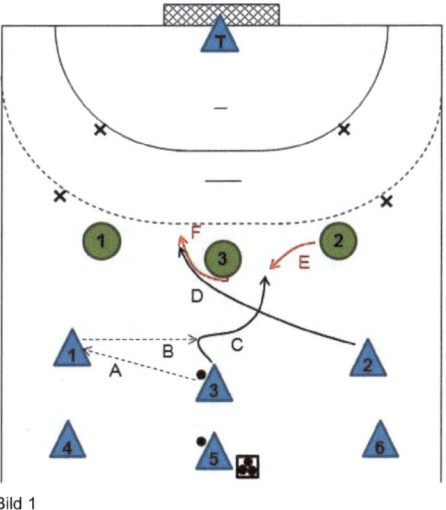

Bild 1

Gesamtablauf:
- Die 3er-Gruppe in der Abwehr spielt gegen jede Angreifergruppe fünf Abwehraktionen, dann werden die Aufgaben getauscht.
- Welche der Angreifergruppen hat die meisten Tore erzielt?

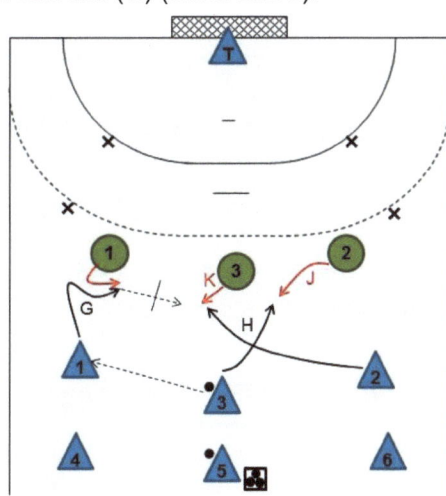

Bild 2

⚠️ Die Abwehrspieler sollen sich absprechen, wann ein Übergeben und Übernehmen möglich ist und sich dann entsprechend zuordnen.

⚠️ Die Abwehrspieler müssen, um das Übergeben und Übernehmen durchführen zu können, vorab bei der Deckung der Gegenspieler auf Höhe des Balles nach hinten sinken.

Nr. 54	3:3-Abwehr: Vordere Abwehrreihe gegen Kreuzen und Einlaufen	10	★★
Benötigt:	4 Hütchen, Ballkiste mit ausreichend Bällen		

Aufbau:
- Mit Hütchen einen breiten Korridor für den Rückraum markieren.

Ablauf:

- 1, 2 und 3 spielen in der Abwehr gegen 1, 2 und 3.
- Der Angriff darf frei spielen und soll versuchen, durch Pässe (A), 1gegen1-Aktionen und Kreuzbewegungen (B) oder Einlaufen an den Kreis (C), die Abwehr auszuspielen.
- Die Abwehr verfolgt einen Einläufer auch hinter die anderen Abwehrspieler (D) und versucht immer, zwischen Tor und dem Gegenspieler zu stehen, um Durchbrüche zu vermeiden.
- Spielt der Angriff ein Kreuzen (B), müssen sich die Abwehrspieler schnell absprechen und die Gegenspieler tauschen (Übergeben/Übernehmen) (E).

⚠️ Im Falle eines Übergebens/Übernehmens müssen die Abwehrspieler sich untereinander laut absprechen.

⚠️ Die Abwehrspieler regelmäßig wechseln.

Nr. 55	3:3-Abwehr: Abwehr Außen und hinten Mitte	11	★★
Benötigt:	Ballkiste mit ausreichend Bällen		

Ablauf (Bild 1):

- ①, ② und ③ spielen in der Abwehr gegen ▲1, ▲5 und ▲6.
- ▲2, ▲3 und ▲4 verteilen die Bälle als Anspieler.
- Der Angriff versucht, durch Pässe im Rückraum (A und B), entweder einen Außenangreifer so anzuspielen, dass er Richtung Tor gehen kann (E und G), oder ▲6 anzuspielen (K), der versucht, sich am Kreis anzubieten (J).
- ① und ③ versuchen, die Außenangreifer zum Wurf aus einer ungünstigen Position auf außen zu zwingen, indem sie die Außenangreifer in Ballbesitz nach außen abdrängen (F).
- Die Außenangreifer können den Wurf suchen (G) oder wieder in den Rückraum passen (H).
- Ist der Ball auf der anderen Seite, schieben die Außenabwehrspieler etwas nach innen (D).
- ② schirmt den Kreisläufer so ab, dass ein Pass (K) nicht möglich ist. Er versucht, sich immer zwischen Ballhalter und Kreisläufer zu postieren (C) und durch Körperkontakt zum Kreisläufer schnell auf dessen Laufbewegungen zu reagieren (L).
- Nach einem Wurf wechseln alle Angreifer eine Position nach rechts, der Rechtsaußen geht auf die Linksaußenposition, der Linksaußen stellt sich mit Ball auf Rückraum links wieder an.

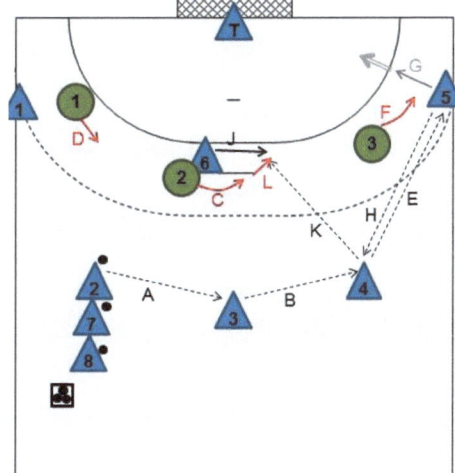

Bild 1

Erweiterter Ablauf (Bild 2):
- Der Ablauf aus Bild 1 bleibt gleich.
- Zusätzlich ist es den Außenangreifern nun erlaubt, einzulaufen (M) und sich dabei für einen Pass anzubieten (P).
- Der Außenabwehrspieler begleitet den Einläufer (N) und verhindert nach Möglichkeit das Zuspiel.

⚠ Der Außenabwehrspieler begleitet zunächst den Einläufer. Je nach Laufweg des Kreisläufers, muss er unter Umständen mit ② eine Übergabe der Gegenspieler absprechen.

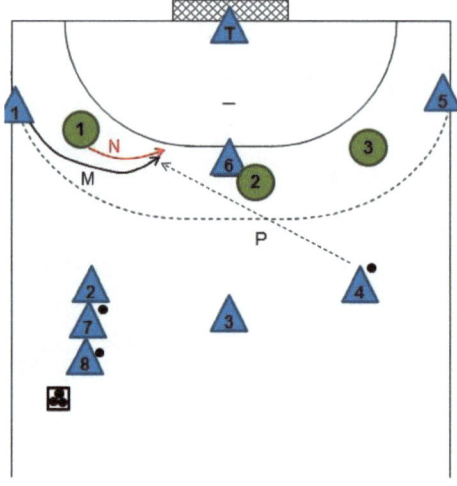

Bild 2

⚠ Die Abwehrspieler regelmäßig wechseln.

Nr. 56	3:3-Abwehr im 6gegen6	13	★★
Benötigt:	1 Ball		

Ablauf:
- Zum Abschluss werden die Übungen der Nr. 53, 54 und 55 zusammengesetzt.
- Die angreifende Mannschaft versucht, ein Tor gegen die 3:3-Abwehr zu erzielen.
- Die Abwehr versucht, die Laufwege und Vorgaben der drei Vorübungen umzusetzen und Tore zu verhindern.
- Nach einigen Angriffen wechseln die Aufgaben.

Bild 1

Vorgaben für die Abwehr:
- Die Außenabwehrspieler versuchen, einen Wurf von der ungünstigen Position weit außen zu provozieren, indem sie dem Außenangreifen den Weg nach innen zustellen und ihn dann nach außen abdrängen.
- Ist der Ball auf der anderen Seite, rücken die Außenabwehrspieler leicht nach innen, um die Lücken zu verkleinern. Sie müssen dabei immer auf Einläufer achten und diese begleiten.
- Der Abwehrspieler Kreismitte deckt vor dem Kreisläufer und schirmt ihn ab, sodass keine Pässe gespielt werden können.

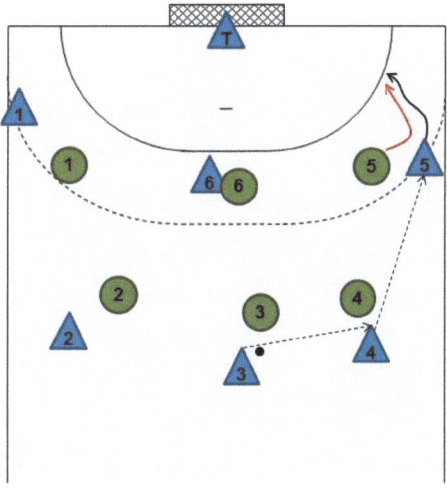

Bild 2

Er hält Körperkontakt, um sofort auf Bewegungen des Kreisläufers reagieren zu können.
- Die Abwehrspieler gegen den Rückraum positionieren sich immer zwischen Tor und Gegenspieler.

4. Verteidigen in der 3:2:1-Abwehr

Die 3:2:1-Abwehr stellt einen ersten Übergang zu den defensiveren Abwehrsystemen dar. Erstmals orientieren sich die Abwehrspieler nicht an der Stellung der Angreifer, sondern verschieben ballorientiert und nehmen für den Vorteil des Verdichtens auf der Ballseite eine Abwehr-Unterzahl auf der Ballgegenseite in Kauf. Dadurch kommen neue Anforderungen auf die Abwehrspieler zu. Neben der Einhaltung klarer Regelbewegungen tritt vor allem die Kommunikation untereinander in den Vordergrund. Es müssen Kreuzbewegungen vor und das Einlaufen hinter der Abwehrreihe abgesprochen werden. Die Spieler werden nicht mehr in jedem Fall begleitet, sondern an den nächsten Abwehrspieler übergeben.

Nr. 57	Vorübung im 1gegen1 und Rückzug zum Kreisläufer	10	★★★
Benötigt:	4 Fahnenstangen, Ballkiste mit ausreichend Bällen		

Aufbau:
- Mit vier Fahnenstangen zwei Spielkorridore wie abgebildet aufstellen.

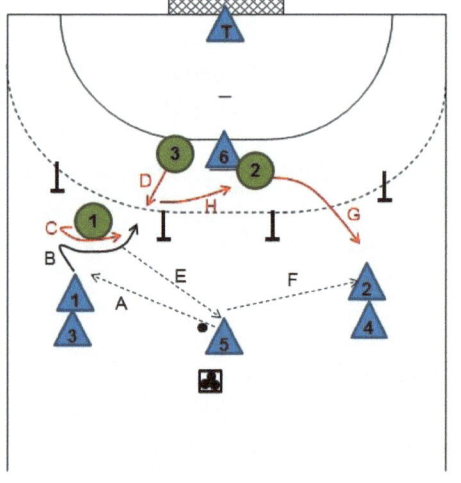

Ablauf:
- ▲1, ▲2 und ▲6 spielen im 3gegen3 gegen ●1, ●2 und ●3; ▲5 dient dabei als Anspieler.
- Beim Pass von ▲5 zu ▲1 (A) tritt ●1 heraus und bekämpft (C) eine eventuelle 1gegen1-Aktion (B) von ▲1.
- ●3 verdichtet und hilft (D) bei einem Durchbruch von ▲1, und ●2 verhindert einen Pass zu ▲6 am Kreis.
- Läuft der Ball über ▲5 (E) auf die andere Seite zu ▲2 (F), tritt ●2 auf ▲2 heraus (G), ●3 verschiebt hinter ▲2 (H) und verdichtet wieder, ●1 zieht sich sofort an den Kreis zurück, um den Kreisläufer abzudecken.
- Nach einigen Aktionen die Abwehrspieler wechseln.

⚠ Die Abwehrspieler sollen deutlich auf den Ballhalter heraustreten.

⚠ Nach der Abwehraktion sollen sich die Abwehrspieler sofort neu orientieren und zur Ballseite verdichten.

Training der offensiven Abwehr im Jugendhandball
1gegen1, Kleingruppe, Manndeckung und offensive Abwehrkooperationen

Nr. 58	Die Abwehrraute im 4gegen4	8	★★★
Benötigt:	2 Stangen, Ballkiste mit ausreichend Bällen		

Aufbau:
- Mit zwei Stangen das Spielfeld begrenzen.

Ablauf:
- ▲1, ▲2, ▲3 und ▲6 spielen im 4gegen4 gegen ●1, ●2 und ●3 und ●4.
- Beim Pass von ▲3 zu ▲1 (A) tritt ●1 deutlich heraus und bekämpft (C) eine eventuelle 1gegen1-Aktion (B) von ▲1.
- ●3 verdichtet und hilft (D) bei einem Durchbruch von ▲1, ●2 verhindert einen Pass zu ▲6 am Kreis, ●4 verdichtet ebenfalls etwas in Richtung Ballseite.
- Läuft der Ball zurück zu ▲3 (E), tritt ●4 deutlich auf ▲3 heraus (F).
- Beim Pass von ▲3 zu ▲2 (G), tritt ●2 auf ▲2 heraus (H), ●3 verschiebt auf Ballseite und verdichtet hinter ●2 (J), ●1 zieht sich an den Kreis zurück (K) und hilft bei der Abwehr gegen ▲6 am Kreis, ●4 verdichtet wiederum in Richtung Ballseite (L).
- Der Angriff spielt 10 Angriffe, dann ist Aufgabenwechsel. Im ersten Durchgang wird noch ohne Kreuzen und Einlaufen gespielt, in weiteren Durchgängen nach und nach Kreuzen und Einlaufen im Angriff erlauben.

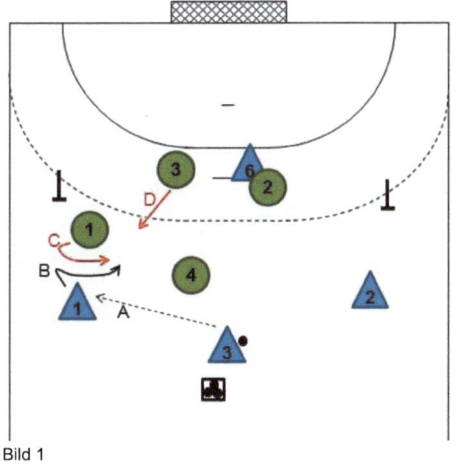

Bild 1

Bild 2

⚠ Die Abwehrspieler sollen deutlich auf den Ballhalter heraustreten.

⚠ Nach der Abwehraktion sollen sich die Abwehrspieler sofort neu orientieren und zur Ballseite verdichten.

Nr. 59	Offensive Gegenaußen in der 3:2:1-Abwehr	8	★★★
Benötigt:	2 Hütchen, Ballkiste mit ausreichend Bällen		

Aufbau:
- Zwei Hütchen auf Pfostenhöhe aufstellen.

Ablauf 1:

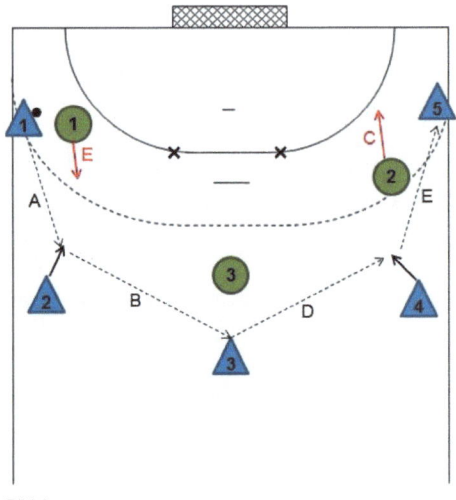

- ① und ② üben den Laufweg der Außenabwehrspieler in einer 3:2:1-Abwehr mit offensiven Außen auf der Gegenseite, ③ simuliert den Abwehrspieler vorne Mitte.
- Der Ball wird zunächst einige Male von links nach rechts (A bis E) und von rechts nach links durchgespielt (Bild 1).
- Beim Pass von der Mitte auf Rückraum rechts (D), postiert sich der Außenabwehrspieler auf der ballfernen Seite (①) nach vorne in eine offensive Position (E).
- Sobald der Ball wieder über die Mitte auf die andere Seite läuft, orientieren sich die Außenabwehrspieler wieder auf ihre defensive Außenposition (C).

Ablauf 2:

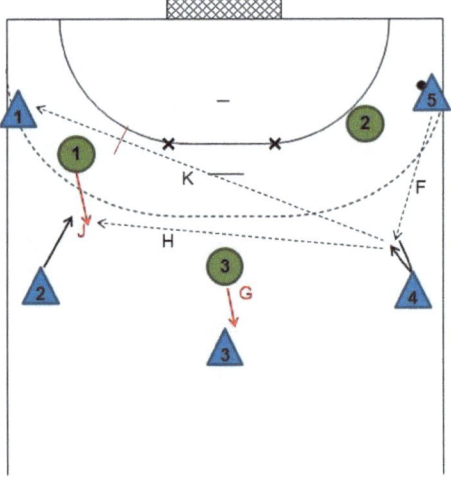

- Die Regelbewegung wird um die Situation mit langem Pass von Halbspieler zu Halbspieler erweitert.
- Beim Pass des Außenangreifers in den Rückraum (F) tritt ③ in den Passweg zu ③ (G) und provoziert so einen langen Pass von ④ zu ② (H).
- ① versucht, diesen langen Pass aus der vorher eingenommenen offensiven Position heraus abzufangen (J).

Bild 2

- ① darf nicht zu früh starten, da sonst der Pass von ④ zu ① möglich wird (K).
- Nach einigen Abfangversuchen beider Außenabwehrspieler werden die Aufgaben gewechselt.

⚠ Die Rückraumspieler sollen spielnah in die Pässe starten, obwohl sie wissen, dass ein Abfangversuch gestartet werden könnte.

⚠ Den Ball so nah wie möglich am Gegenspieler abfangen.

Nr. 60	3:2:1-Abwehr im 6gegen6	13	★★★
Benötigt:	1 Ball		

Ablauf 1:
- Zwei Mannschaften spielen im 6gegen6 gegeneinander.
- Die Abwehr deckt in der 3:2:1-Abwehrformation.
- Beim Pass von ② zu ③ (A) tritt ③ deutlich auf ③ heraus (B).
- Beim Pass von ③ zu ④ (C) tritt ④ auf ④ heraus (D), ⑤ zieht sich auf seine Außenposition zurück (E).
- ⑥ verdichtet hinter ④ (F) und übernimmt ⑥.
- ② sich an den Kreis zurück (G) und hilft bei der Abwehr gegen ⑥ am Kreis, ③ verdichtet in Richtung Ballseite (H).
- ① tritt offensiv heraus (J) und deckt lange Pässe von ④ zu ② ab.
- Der Angriff spielt zunächst einige Male durch und die Abwehrspieler bewegen sich in der 3:2:1-Regelbewegung.
- Dann spielt der Angriff fünf Angriffe ohne Kreuzbewegungen und ohne Einläufer an den Kreis.
- Nach den fünf Angriffen ist Aufgabenwechsel.
- Welche Mannschaft erzielt mehr Tore?

Ablauf 2:
- Die angreifende Mannschaft darf nun zusätzlich Kreuzbewegungen spielen, die Abwehrspieler sprechen sich bei Positionswechseln der Angreifer ab.

Anmerkung des Autors

1995 überredete mich ein Freund, mit ihm zusammen das Handballtraining einer männlichen D-Jugend zu übernehmen.

Dies war der Beginn meiner Trainertätigkeit. Daraufhin fand ich Gefallen an den Aufgaben eines Trainers und stellte stets hohe Anforderungen an die Art meiner Übungen. Bald reichte mir das Standardrepertoire nicht mehr aus und ich
begann, Übungen zu modifizieren und mir eigene Übungen zu überlegen.

Heute trainiere ich mehrere Jugend- und Aktivmannschaften in einem breit gefächerten Leistungsspektrum und richte meine Trainingseinheiten gezielt auf die jeweilige Mannschaft aus.

Seit einigen Jahren vertreibe ich die Übungen über meinen Onlineshop handball-uebungen.de. Da die Tendenz im Handballtraining, vor allem im Jugendbereich, immer mehr in Richtung einer allgemeinen sportlichen Ausbildung mit koordinativen Schwerpunkten geht, eignen sich viele Spiele und Spielformen auch für andere Sportarten.

Lassen Sie sich inspirieren von den verschiedenen Spielideen und bringen Sie auch Ihre eigene Kreativität und Erfahrung ein!

Eckpunkte meiner Trainerlaufbahn
- seit Juli 2012: Inhaber der DHB A-Lizenz
- seit November 2011: Buchautor (handall-uebungen.de, Handball Praxis und Handball Praxis Spezial)
- 2008-2010: Jugendkoordinator und Jugendtrainer bei der SG Leutershausen
- seit 2006: Inhaber der Trainer-B-Lizenz

Ihr
Jörg Madinger

Weitere Fachbücher des Verlags DV Concept

Von A wie Aufwärmen bis Z wie Zielspiel – 75 Übungsformen für jedes Handballtraining

Ein abwechslungsreiches Training erhöht die Motivation und bietet immer wieder neue Anreize, bekannte Bewegungsabläufe zu verbessern und zu präzisieren. In diesem Buch finden Sie Übungen zu allen Bereichen des Handballtrainings – vom Aufwärmen über Torhüter einwerfen bis hin zu gängigen Inhalten des Hauptteils und Spielen zum Abschluss, die Sie in ihrem täglichen Training mit Ihrer Handballmannschaft inspirieren sollen. Alle Übungen sind bebildert und in der Ausführung leicht verständlich beschrieben. Spezielle Hinweise erläutern, worauf Sie achten müssen.

Insgesamt gliedert sich das Buch in die folgenden Themenschwerpunkte:

Erwärmung:
- Grunderwärmung
- Kleine Spiele zur Erwärmung
- Sprintwettkämpfe
- Koordination
- Ballgewöhnung
- Torhüter einwerfen

Grundübungen, Grund- und Zielspiele:
- Angriff/Wurfserien
- Angriff allgemein
- Schnelle Mitte
- 1. und 2. Welle
- Abwehraktionen
- Abschlussspiele
- Ausdauer

Am Ende finden Sie dann noch eine komplette methodisch ausgearbeitete Trainingseinheit. Ziel der Trainingseinheit ist das Verbessern des Wurfs und der Wurfentscheidung unter Druck.

Mini- und Kinderhandball (5 Trainingseinheiten)

Mini- bzw. Kinderhandball unterscheidet sich grundlegend vom Training höherer Altersklassen und erst recht vom Handball in Leistungsbereichen. Bei diesem ersten Kontakt mit der Sportart „Handball" sollen die Kinder an den Umgang mit dem Ball herangeführt werden. Es soll der Spaß an der Bewegung, am Sporttreiben, am Spiel miteinander und auch am Wettkampf gegeneinander vermittelt werden.

Das vorliegende Buch führt zunächst kurz in das Thema und die Besonderheiten des Mini- und Kinderhandballs ein und zeigt dabei an einigen Beispielübungen Möglichkeiten auf, das Training interessant und abwechslungsreich zu gestalten.

Im Anschluss folgen fünf komplette Trainingseinheiten in verschiedenen Schwierigkeitsgraden mit Hauptaugenmerk auf den Grundtechniken im Handball (Prellen, Passen, Fangen, Werfen und Abwehren im Spiel gegeneinander). Hier wird spielerisch in die späteren handballspezifischen Grundlagen eingeführt, wobei auch die generelle Bewegungserfahrung und die Ausprägung von koordinativen Fähigkeiten besondere Beachtung findet.

Die Übungen sind leicht verständlich durch Text und Übungsbild erklärt und können in jedes Training direkt integriert werden. Durch verschiedene Variationen können die Trainingseinheiten im Schwierigkeitsgrad an die jeweilige Trainingsgruppe angepasst werden. Sie sollen auch Ideen bieten, die Übungen zu modifizieren und weiterzuentwickeln, um das Training immer wieder neu und abwechslungsreich zu gestalten.

Passen und Fangen in der Bewegung – 60 Übungsformen für jedes Handballtraining

Passen und Fangen sind zwei Grundtechniken im Handball, die im Training permanent trainiert und verbessert werden müssen. Die vorliegenden 60 praktischen Übungen bieten viele Varianten, um das Passen und Fangen anspruchsvoll und abwechslungsreich zu trainieren. Ein besonderer Fokus liegt dabei darauf, die Sicherheit beim Passen und Fangen auch in der Bewegung mit hoher Dynamik zu verbessern. Deshalb werden die Übungen mit immer neuen Laufwegen und spielnahen Bewegungen gekoppelt.

Effektives Einwerfen der Torhüter – 60 Übungsformen für jedes Handballtraining

Das Einwerfen der Torhüter ist in nahezu jedem Training notwendiger Bestandteil. Die vorliegenden 60 Übungen zum Einwerfen bieten hier verschiedene Ideen, um das Einwerfen sowohl für die Torhüter als auch für die Feldspieler anspruchsvoll und abwechslungsreich zu gestalten. Ein besonderer Fokus liegt dabei darauf, schon beim Einwerfen die Dynamik der Spieler zu verbessern.

Koordinatives Handballtraining mit unterschiedlichen Geräten
6 abwechslungsreiche Trainingseinheiten mit 44 Einzelübungen

Sechs verschiedene handballspezifische Themen werden in sechs Trainingseinheiten bearbeitet. Diese zeichnen sich dadurch aus, dass jeweils ein in der Halle vorhandenes Kleingerät oder ein gängiges Spielgerät (Würfel oder Kartenspiel) den Rahmen der Trainingseinheit bildet. Kombiniert mit dem gängigen Hallenequipment werden hierdurch die handballerischen Inhalte immer wieder mit neuen Anforderungen gekoppelt, sodass das Training abwechslungsreich gestaltet werden kann. Ob mit einem Kartenspiel, einem Würfel, Luftballons, Leibchen, kleinen Turnmatten oder Turnreifen – stets zeigt sich die Vielfältigkeit der Geräte in den gesammelten Übungen. Die Trainingseinheiten sollen so zu Kreativität und eigenen Ideen anregen und viele Beispiele zeigen, wie sich mit einfachen Hilfsmitteln wiederkehrende Inhalte immer wieder neu verpacken lassen und so der Spaß im Training erhöht wird.

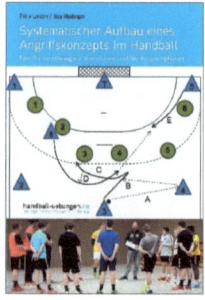

Systematischer Aufbau eines Angriffskonzepts im Handball - Eine Spieleröffnung mit Variationen und Weiterspieloptionen

Anhand der Auslösehandlung Kreuzen von Rückraum Mitte mit dem Kreisläufer (Kreisel), die fast jede Mannschaft in unterschiedlichen Formen in ihrem Repertoire hat, zeigt Felix Linden auf, wie man durch kleine Erweiterungen und Variationen verschiedene Spielsituationen schaffen und so jede Abwehr variantenreich ausspielen kann. In den einzelnen Trainingseinheiten werden die Knotenpunkte, wie das Auseinanderziehen einer 6:0-Abwehr, das glaubwürdige Stoßen und Herausziehen eines Abwehrspielers und die einzelnen Abschlussmöglichkeiten sowie verschiedene Entscheidungsmöglichkeiten vermittelt. Gerade auf der Entscheidungsfindung liegt ein großer Schwerpunkt in allen. Der Standardablauf mit Weiterspieloptionen auf beiden Seiten, Varianten mit Einläufer und Übergängen sowie eine Variante für eine Überzahl sind Inhalte der Trainingseinheiten.

Wettkampfspiele für das tägliche Handballtraining – 60 Übungsformen für jede Altersstufe

Handball lebt von schnellen und richtig getroffenen Entscheidungen in jeder Spielsituation. Dies kann im Training spielerisch und abwechslungsreich durch handballnahe Spiele trainiert werden. Die vorliegenden 60 Übungsformen sind in sieben Kategorien unterteilt und schulen die Spielfähigkeit.

Das Buch beinhaltet die folgenden Kategorien:
- Parteiball-Varianten
- Mannschaftsspiele auf verschiedene Ziele
- Fangspiele
- Sprint- und Staffelspiele
- Wurf- und Balltransportspiele
- Sportartübergreifende Spiele
- Komplexe Spielformen für das Abschlussspiel

Taschenbücher aus der Reihe Handball Praxis (jeweils fünf Trainingseinheiten)

Handball Praxis 1 – Handballspezifische Ausdauer

Handball Praxis 2 – Grundbewegungen in der Abwehr

Handball Praxis 3 – Erarbeiten von Auslösehandlungen und Weiterspielmöglichkeiten

Handball Praxis 4 – Intensives Abwehrtraining im Handball

Handball Praxis 5 – Abwehrsysteme erfolgreich überwinden

Handball Praxis 6 – Grundlagentraining für E- und D-Jugendliche

Handball Praxis 7 – Handballspezifisches Ausdauertraining im Stadion und in der Halle

Handball Praxis 8 – Spielfähigkeit durch Training der Handlungsschnelligkeit

Handball Praxis 9 – Grundlagentraining der Altersklasse 9 bis 12 Jahre

Handball Praxis 10 – Moderner Tempohandball: Schnelles Umschalten in die 1. und 2. Welle

Handball Praxis 11 – Ganzheitliches und abwechslungsreiches Athletiktraining

Handball Praxis 12 – D-Jugend-Training: Von der Mann- zur Raumdeckung – Kooperationen im Angriff und Abwehroptionen dagegen

Handball Praxis 13 – Koordinatives Angriffstraining für kleine Trainingsgruppen von vier bis sechs Spielern

Handball Praxis 14 – Zusammenspiel von Rückraum und Kreisläufer – Verlagern, Sperren und Absetzen

Handball Praxis Spezial 1 – Schritt für Schritt zur 3-2-1-Abwehr (6 Trainingseinheiten)

Handball Praxis Spezial 2 – Schritt für Schritt zum erfolgreichen Angriffskonzept gegen eine 6-0-Abwehr (6 Trainingseinheiten)

Weitere Handball-Fachbücher und E-Books finden Sie unter
www.handball-uebungen.de

www.ingramcontent.com/pod-product-compliance
Lightning Source LLC
Chambersburg PA
CBHW041803160426
43191CB00001B/19